# 超易上手

## 象棋典型局面杀法训练

刘锦祺　编著

 化学工业出版社
·北京·

图书在版编目（CIP）数据

超易上手——象棋典型局面杀法训练/刘锦祺编著.
—北京：化学工业出版社，2022.4
ISBN 978-7-122-40783-2

Ⅰ.①超… Ⅱ.①刘… Ⅲ.①中国象棋-棋谱 Ⅳ.
①G891.2

中国版本图书馆CIP数据核字（2022）第021482号

责任编辑：杨松淼 　　　　　　　装帧设计：李子姮
责任校对：宋　夏

出版发行：化学工业出版社（北京市东城区青年湖南街13号　邮政编码100011）
印　　装：大厂聚鑫印刷有限责任公司
880mm×1230mm 1/32　印张6¾　字数200千字　2022年6月北京第1版第1次印刷

购书咨询：010-64518888　　　　　　售后服务：010-64518899
网　　址：http://www.cip.com.cn
凡购买本书，如有缺损质量问题，本社销售中心负责调换。

定　　价：49.80元

# 前言

对于象棋爱好者们而言，比起枯燥背布局定式和记残局结论，杀棋训练一定是更有趣的一件事情。但在寻找高质量的杀棋训练资料的时候，我们往往会发现一个非常头痛的问题，就是很少能找到带有循序渐进规律的系统练习，能找到的习题不是太简单就是太难，而且大多数练习与练习之间是脱节的。

笔者在这里需要说明的是，习题之间的关联性小，不便于我们在训练的过程中总结思路，摸索出特定局面下杀棋的必备要素和着法套路，从而难以系统地、有效地提升实战杀棋能力。而与能力不匹配的训练难度，不论是过低还是过高，都会让我们提不起兴趣，甚至产生抵触情绪，从而丧失下棋的乐趣。

本书的杀棋训练主要由一步杀到五步杀的练习组成。书中杀法练习的最大优势在于杀法思路的连贯性与难度的阶梯性。每一个杀法的典型局面均由一步杀开篇，后续几个练习通过增减子力，小幅度改变攻防力量的配置来增加杀棋的难度，以此来提升读者的实战攻杀水平。

与此同时，全书甄选的110个基本型，均是实战中出现频率较高的典型局面，比起只用参与进攻和防守的子力摆出来的杀法排局，更能锻炼我们在一个相对复杂的局面下发现突破口的审局能力和攻杀意识。

在编排的过程中，笔者有意没有严格区分连杀与缓杀，仅是按杀棋的最优步数顺序编排。所有习题均为限着杀王，只有在限定步数内完成杀棋，才是最佳答案。但书中仅为每题提供一个参考答案，杀法练习的最优解法可能不唯一，更多变化也等待您去发现。

最后，希望这本《超易上手——象棋典型局面杀法训练》能让读者朋友们加深对杀法的理解，帮助大家把基本杀法中学到的技法和杀棋手段，更准确、更高效地运用到实战对局当中，从而快速提升棋艺水平。

**刘锦祺**

# 第 1 型

### 一步杀

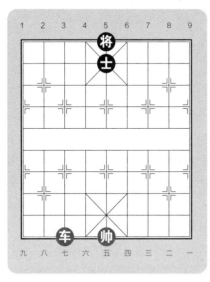

### 二步杀

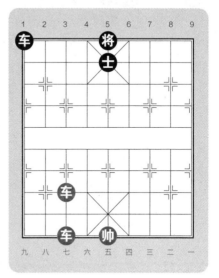

### 三步杀

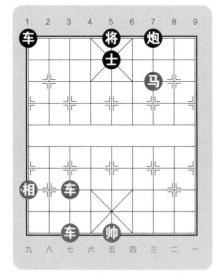

### 四步杀

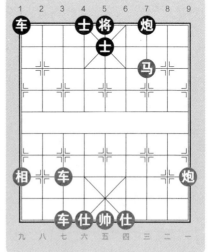

### 五步杀

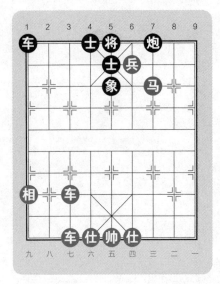

| | |
|---|---|
| 总用时 | |
| 正确数 | |
| 错误题号 | |
| 重做次数 | |

注：本书全部习题均为红先胜，按题目要求的限定步数完成杀棋，方为正解。

# 第 2 型

### 一步杀

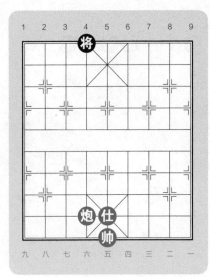

### 二步杀

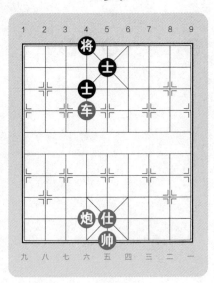

## 三步杀

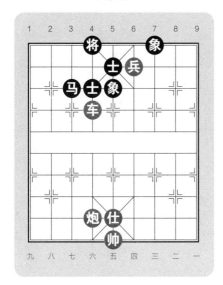

## 四步杀

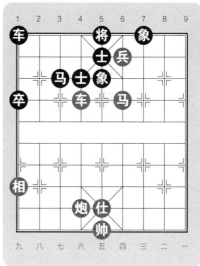

## 五步杀

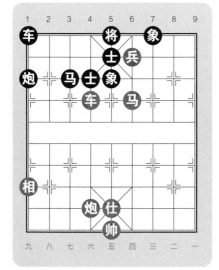

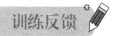

训练反馈

| 总用时 | |
| --- | --- |
| 正确数 | |
| 错误题号 | |
| 重做次数 | |

# 第3型

### 一步杀

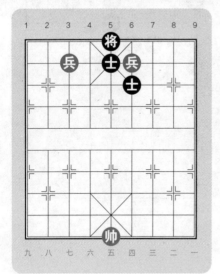

### 二步杀

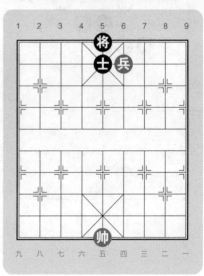

### 三步杀

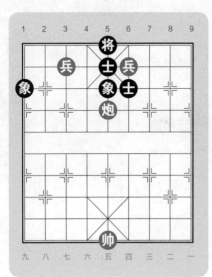

### 四步杀

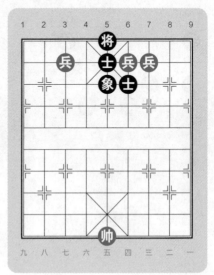

五步杀

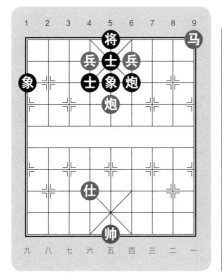

| 总用时 | |
| --- | --- |
| 正确数 | |
| 错误题号 | |
| 重做次数 | |

# 第 4 型

一步杀

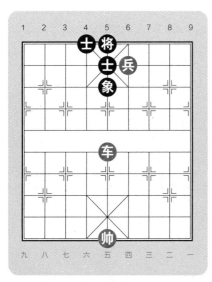

二步杀

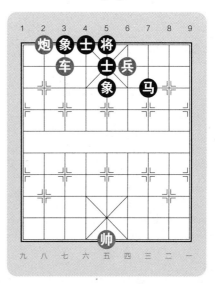

## 三步杀

## 四步杀

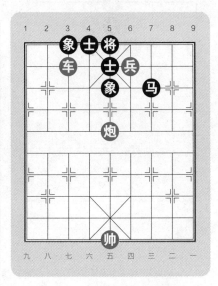

## 五步杀

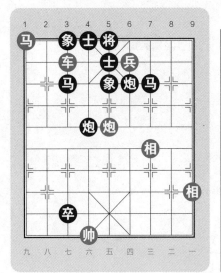

训练反馈

| | |
|---|---|
| 总用时 | |
| 正确数 | |
| 错误题号 | |
| 重做次数 | |

# 第5型

### 一步杀

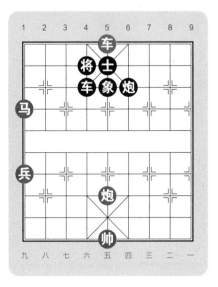

### 二步杀

### 三步杀

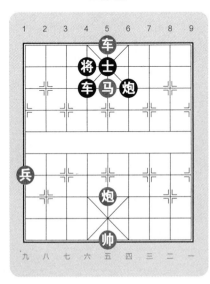

### 四步杀

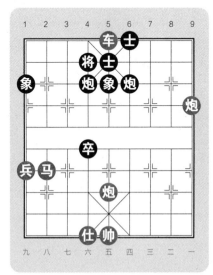

## 五步杀

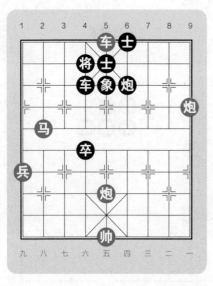

| 总用时 | |
| --- | --- |
| 正确数 | |
| 错误题号 | |
| 重做次数 | |

# 第6型

### 一步杀

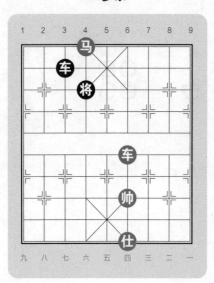

### 二步杀

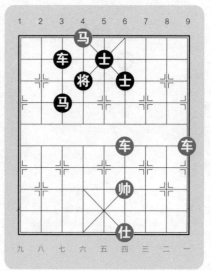

### 三步杀

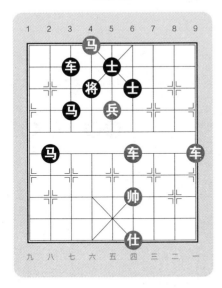

### 四步杀

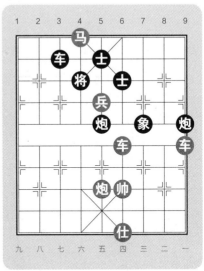

### 五步杀

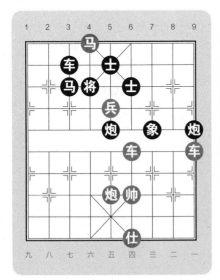

训练反馈

| | |
|---|---|
| 总用时 | |
| 正确数 | |
| 错误题号 | |
| 重做次数 | |

# 第7型

一步杀

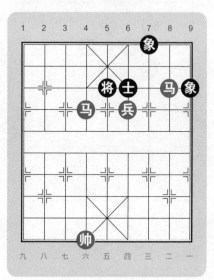

二步杀

三步杀

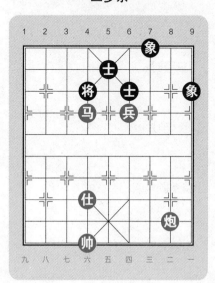

四步杀

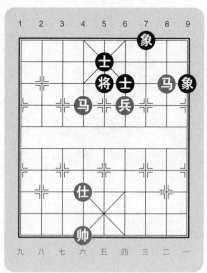

**五步杀**

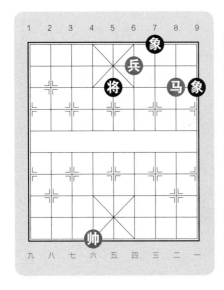

训练反馈 ✎

| | |
|---|---|
| 总用时 | |
| 正确数 | |
| 错误题号 | |
| 重做次数 | |

# 第8型

**一步杀**

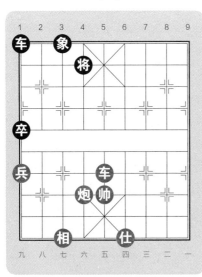

**二步杀**

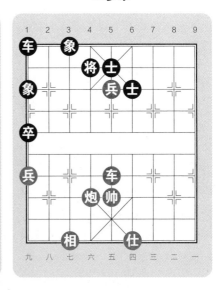

### 三步杀

### 四步杀

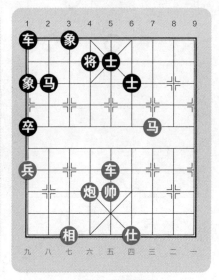

### 五步杀

### 训练反馈

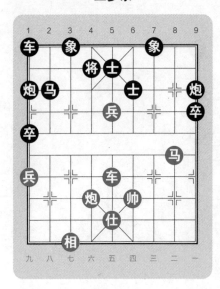

| 总用时 | |
| --- | --- |
| 正确数 | |
| 错误题号 | |
| 重做次数 | |

# 第 9 型

### 一步杀

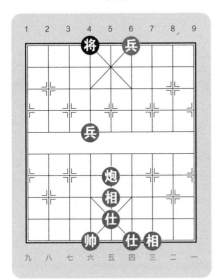

### 二步杀

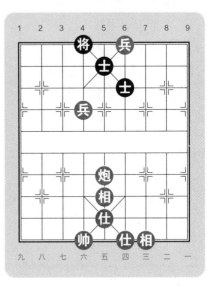

### 三步杀

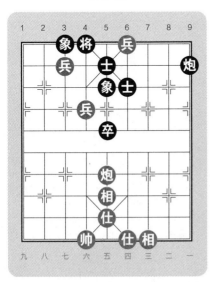

### 四步杀

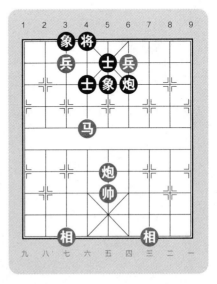

五步杀

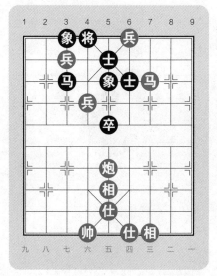

| 总用时 | |
|---|---|
| 正确数 | |
| 错误题号 | |
| 重做次数 | |

# 第 10 型

一步杀

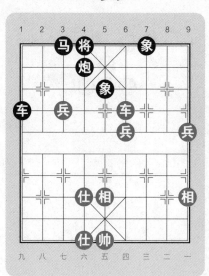

二步杀

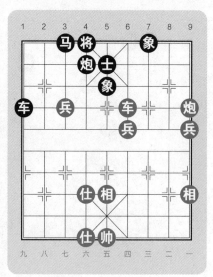

## 三步杀

## 四步杀

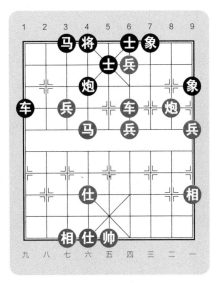

## 五步杀

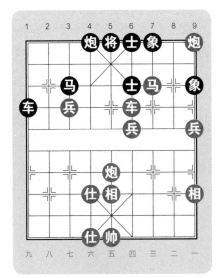

## 训练反馈

| 总用时 | |
| --- | --- |
| 正确数 | |
| 错误题号 | |
| 重做次数 | |

# 第11型

一步杀

二步杀

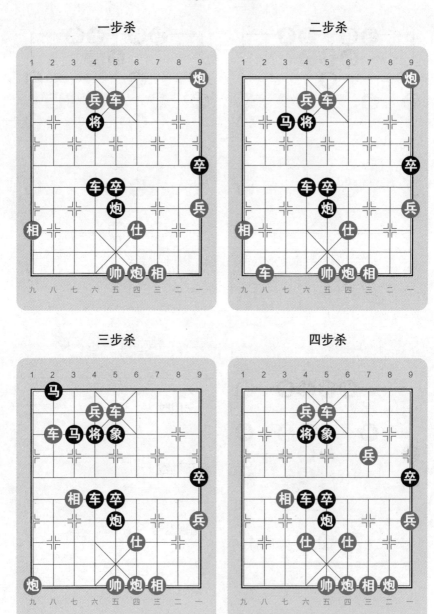

三步杀

四步杀

## 五步杀

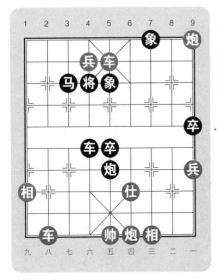

| 总用时 | |
| --- | --- |
| 正确数 | |
| 错误题号 | |
| 重做次数 | |

# 第 12 型

一步杀

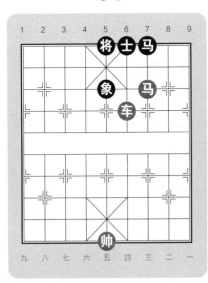

二步杀

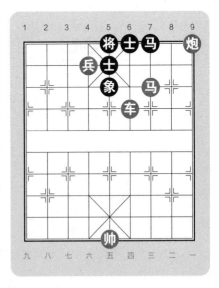

## 三步杀

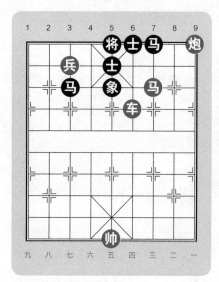

## 四步杀

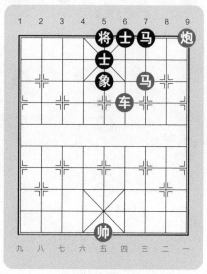

## 五步杀

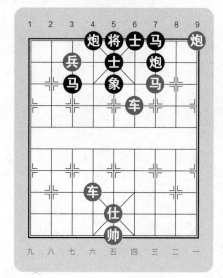

训练反馈

| 总用时 | |
| --- | --- |
| 正确数 | |
| 错误题号 | |
| 重做次数 | |

# 第 13 型

一步杀

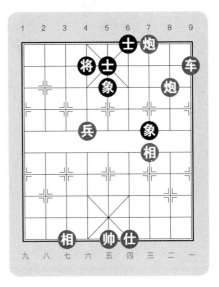

二步杀

三步杀

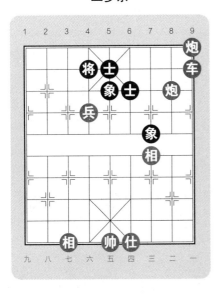

四步杀

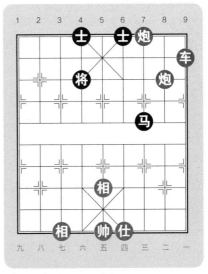

五步杀

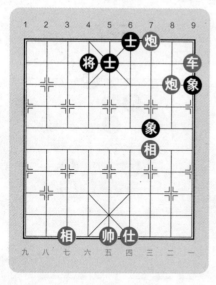

| | |
|---|---|
| 总用时 | |
| 正确数 | |
| 错误题号 | |
| 重做次数 | |

# 第 14 型

一步杀

二步杀

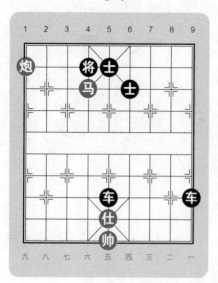

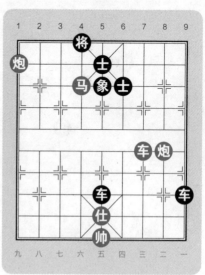

## 三步杀

## 四步杀

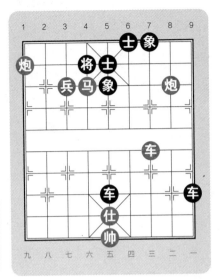

## 五步杀

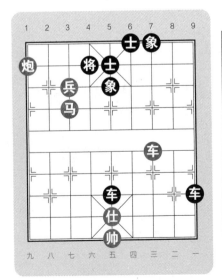

训练反馈

| 总用时 | |
|---|---|
| 正确数 | |
| 错误题号 | |
| 重做次数 | |

# 第 15 型

### 一步杀

### 二步杀

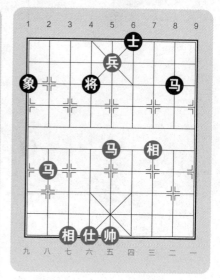

### 三步杀

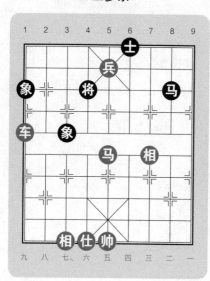

### 四步杀

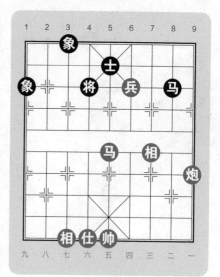

五步杀

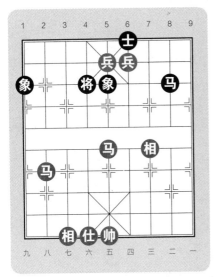

| 总用时 | |
|---|---|
| 正确数 | |
| 错误题号 | |
| 重做次数 | |

# 第 16 型

一步杀

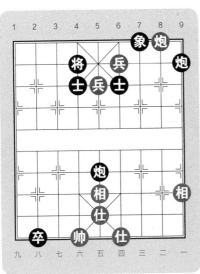

二步杀

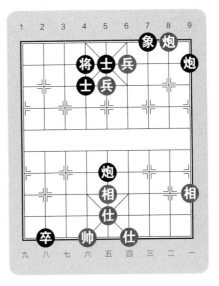

## 三步杀

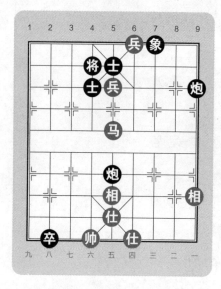

## 四步杀

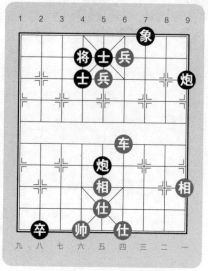

## 五步杀

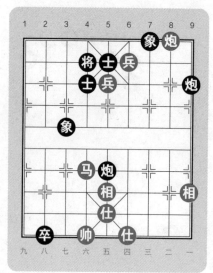

## 训练反馈

| 总用时 | |
|---|---|
| 正确数 | |
| 错误题号 | |
| 重做次数 | |

# 第 17 型

### 一步杀

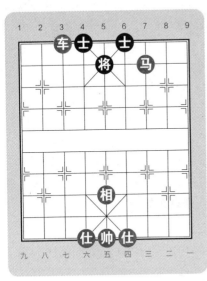

### 二步杀

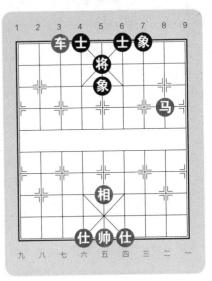

### 三步杀

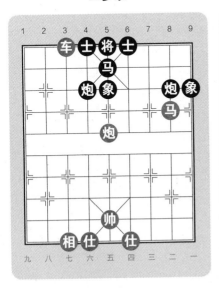

### 四步杀

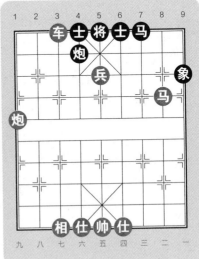

## 五步杀

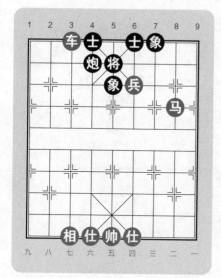

| 总用时 | |
|---|---|
| 正确数 | |
| 错误题号 | |
| 重做次数 | |

# 第 18 型

## 一步杀

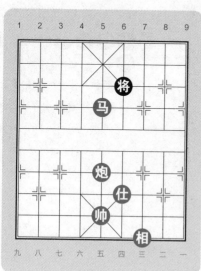

## 二步杀

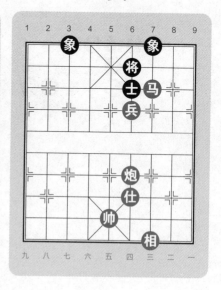

## 三步杀

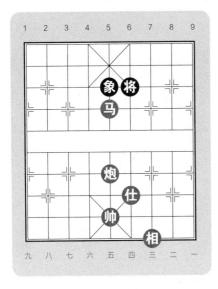

## 四步杀

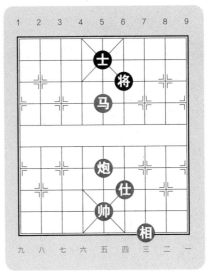

## 五步杀

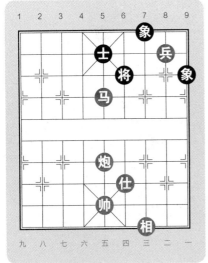

| 训练反馈 | |
|---|---|
| 总用时 | |
| 正确数 | |
| 错误题号 | |
| 重做次数 | |

# 第19型

## 一步杀

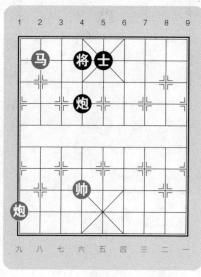

## 二步杀

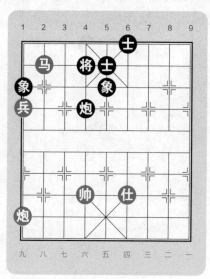

## 三步杀

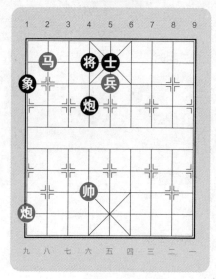

## 四步杀

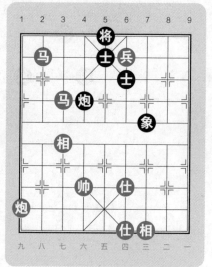

## 五步杀

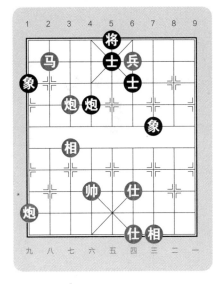

| | |
|---|---|
| 总用时 | |
| 正确数 | |
| 错误题号 | |
| 重做次数 | |

# 第20型

一步杀

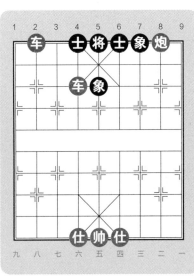

二步杀

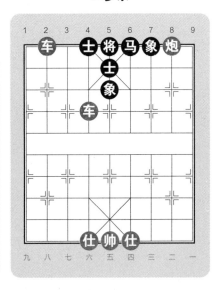

## 三步杀

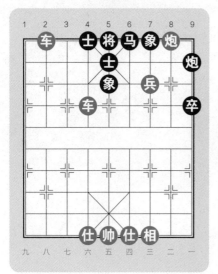

## 四步杀

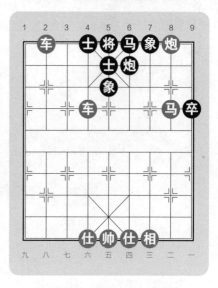

## 五步杀

## 训练反馈

| | |
|---|---|
| 总用时 | |
| 正确数 | |
| 错误题号 | |
| 重做次数 | |

# 第 21 型

## 一步杀

## 二步杀

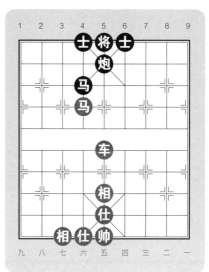

## 三步杀

## 四步杀

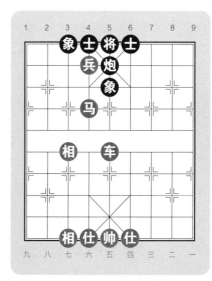

031

五步杀

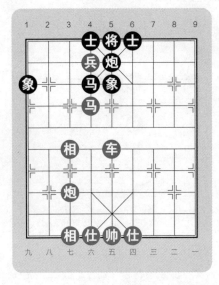

| 总用时 | |
| --- | --- |
| 正确数 | |
| 错误题号 | |
| 重做次数 | |

# 第 22 型

一步杀

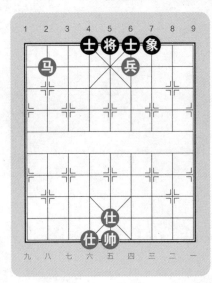

二步杀

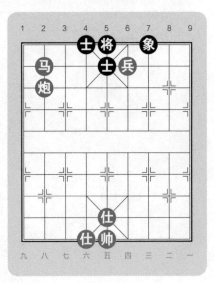

## 三步杀

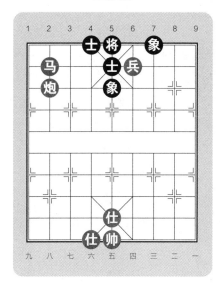

## 四步杀

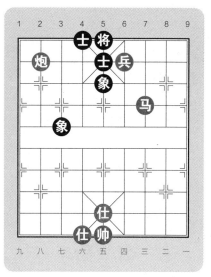

## 五步杀

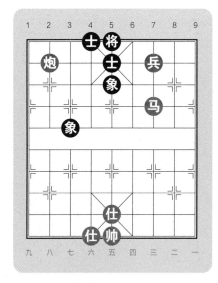

训练反馈

| | |
|---|---|
| 总用时 | |
| 正确数 | |
| 错误题号 | |
| 重做次数 | |

# 第23型

## 一步杀

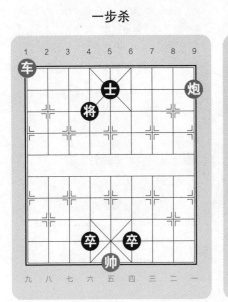

## 二步杀

## 三步杀

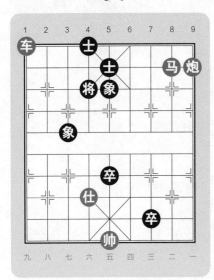

## 四步杀

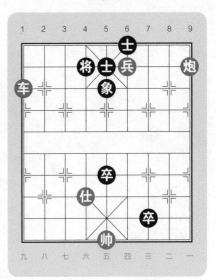

## 五步杀

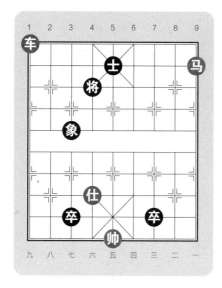

| | |
|---|---|
| 总用时 | |
| 正确数 | |
| 错误题号 | |
| 重做次数 | |

# 第24型

### 一步杀

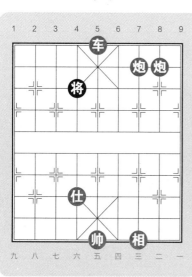

### 二步杀

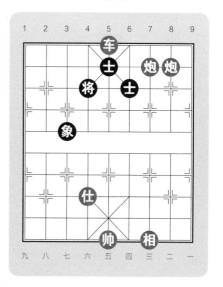

## 三步杀

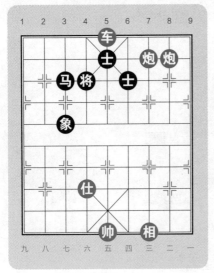

## 四步杀

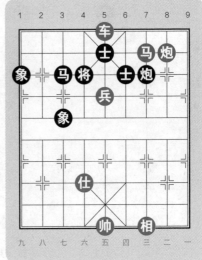

## 五步杀

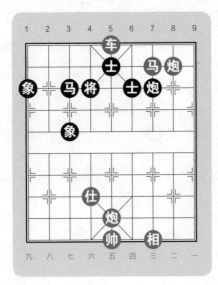

### 训练反馈

| 总用时 | |
|---|---|
| 正确数 | |
| 错误题号 | |
| 重做次数 | |

# 第 25 型

一步杀

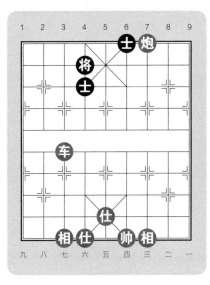

二步杀

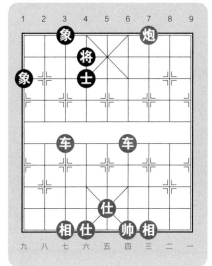

三步杀

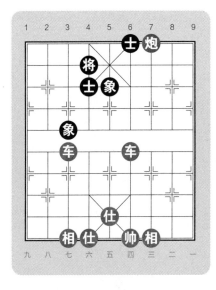

四步杀

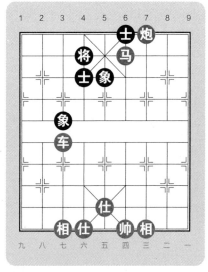

五步杀

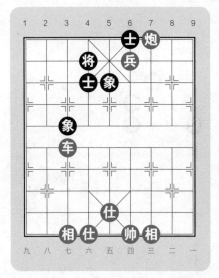

| 总用时 | |
|---|---|
| 正确数 | |
| 错误题号 | |
| 重做次数 | |

# 第26型

一步杀

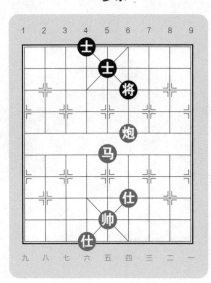

二步杀

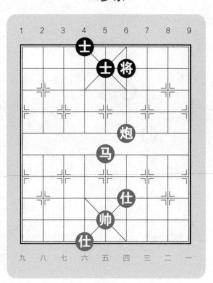

### 三步杀

### 四步杀

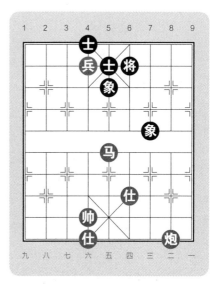

### 五步杀

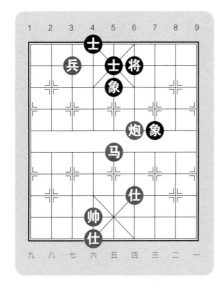

訓练反馈

| | |
|---|---|
| 总用时 | |
| 正确数 | |
| 错误题号 | |
| 重做次数 | |

039

# 第 27 型

## 一步杀

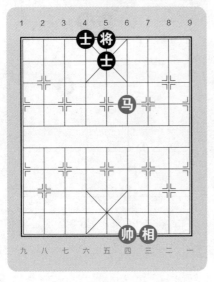

## 二步杀

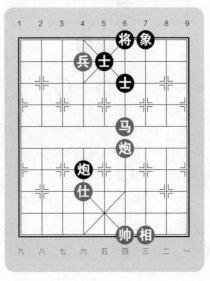

## 三步杀

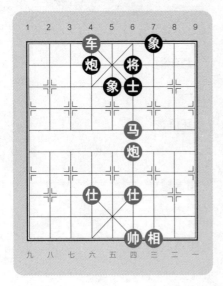

## 四步杀

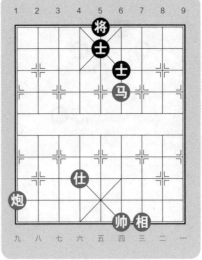

## 五步杀

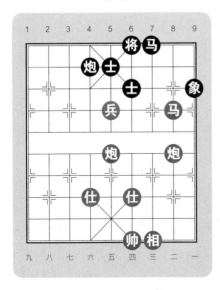

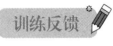
# 第 28 型

一步杀

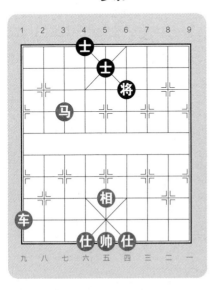

二步杀

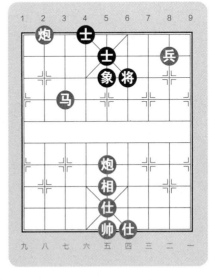

## 三步杀

## 四步杀

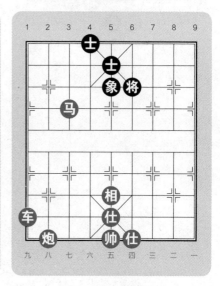

## 五步杀

训练反馈

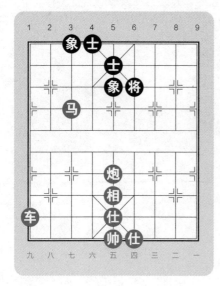

| 总用时 | |
| --- | --- |
| 正确数 | |
| 错误题号 | |
| 重做次数 | |

# 第 29 型

### 一步杀

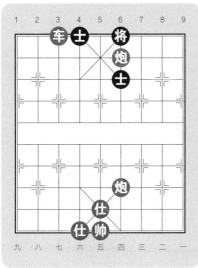

### 二步杀

### 三步杀

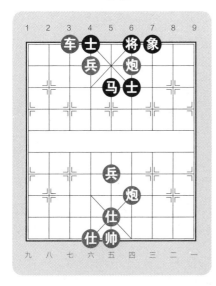

### 四步杀

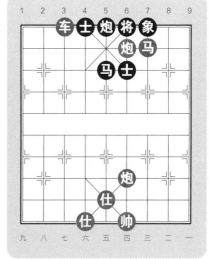

五步杀

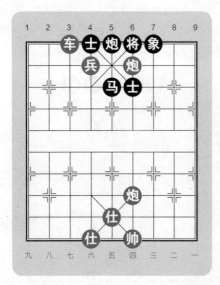

训练反馈

训练反馈

| 总用时 | |
|---|---|
| 正确数 | |
| 错误题号 | |
| 重做次数 | |

# 第 30 型

一步杀

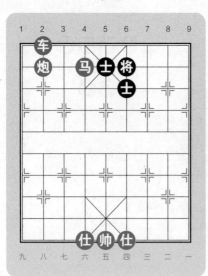

二步杀

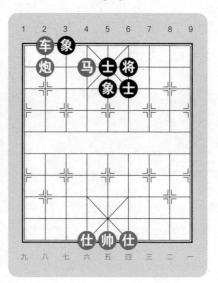

## 三步杀

## 四步杀

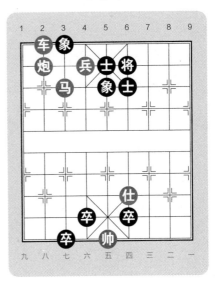

## 五步杀

## 训练反馈

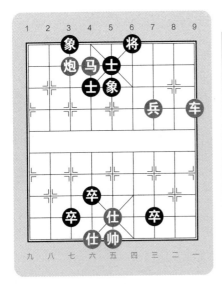

| 总用时 | |
|---|---|
| 正确数 | |
| 错误题号 | |
| 重做次数 | |

# 第31型

### 一步杀

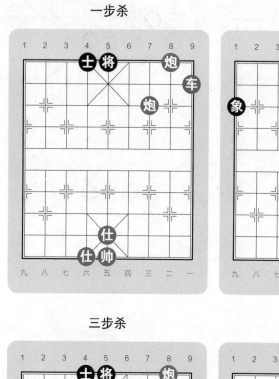

### 二步杀

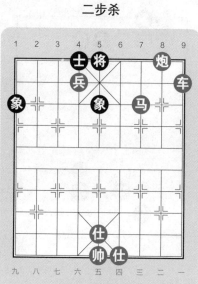

### 三步杀

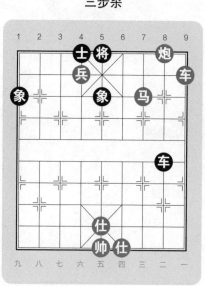

### 四步杀

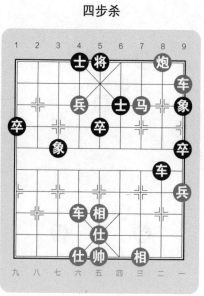

五步杀

训练反馈

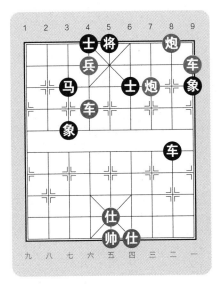

| | |
|---|---|
| 总用时 | |
| 正确数 | |
| 错误题号 | |
| 重做次数 | |

# 第 32 型

一步杀

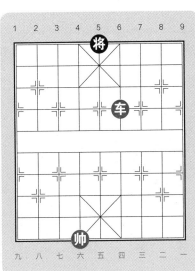

二步杀

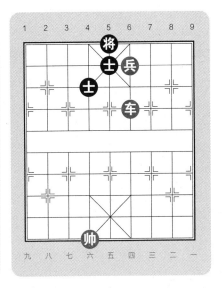

## 三步杀

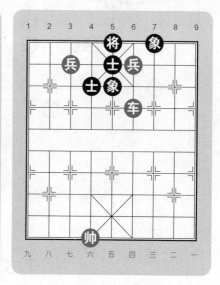

## 四步杀

## 五步杀

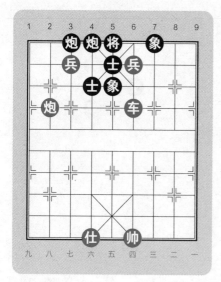

训练反馈

| 总用时 | |
|---|---|
| 正确数 | |
| 错误题号 | |
| 重做次数 | |

# 第33型

一步杀

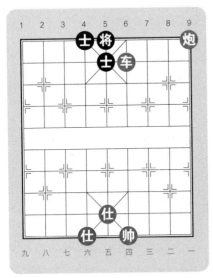

二步杀

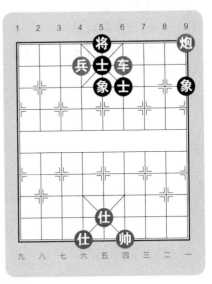

三步杀

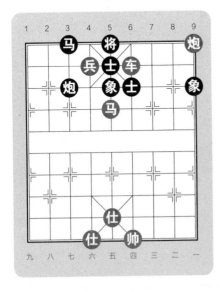

四步杀

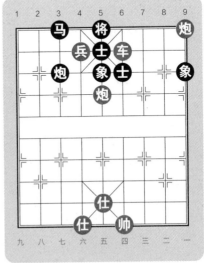

## 五步杀

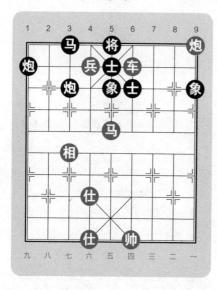

| 总用时 | |
|---|---|
| 正确数 | |
| 错误题号 | |
| 重做次数 | |

# 第 34 型

### 一步杀

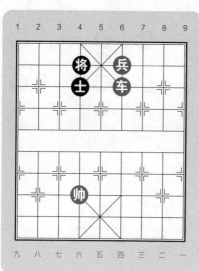

### 二步杀

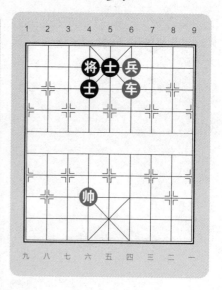

## 三步杀

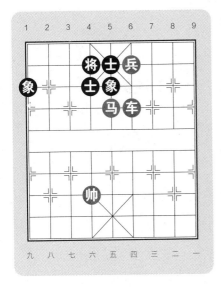

## 四步杀

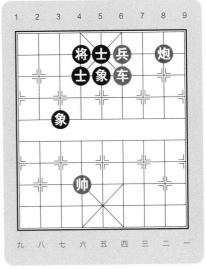

## 五步杀

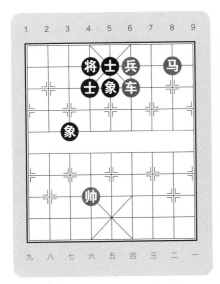

## 训练反馈

| 总用时 | |
|---|---|
| 正确数 | |
| 错误题号 | |
| 重做次数 | |

# 第 35 型

### 一步杀

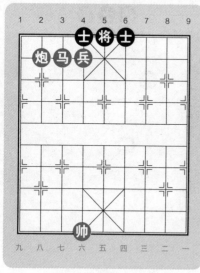

### 二步杀

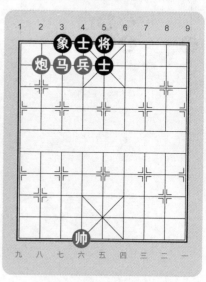

### 三步杀

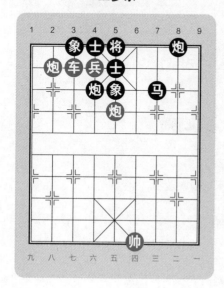

### 四步杀

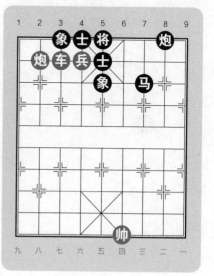

## 五步杀

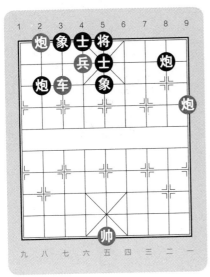

| | |
|---|---|
| 总用时 | |
| 正确数 | |
| 错误题号 | |
| 重做次数 | |

# 第 36 型

## 一步杀

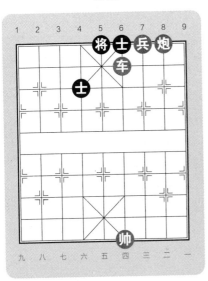

## 二步杀

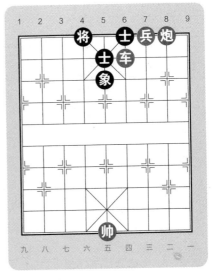

## 三步杀

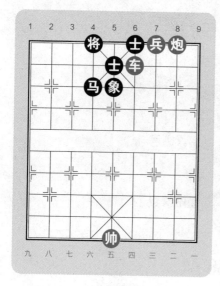

## 四步杀

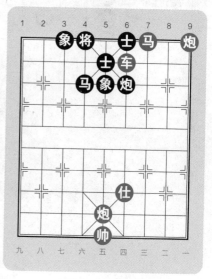

## 五步杀

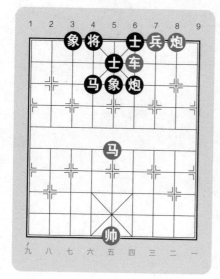

训练反馈

| | |
|---|---|
| 总用时 | |
| 正确数 | |
| 错误题号 | |
| 重做次数 | |

# 第 37 型

一步杀

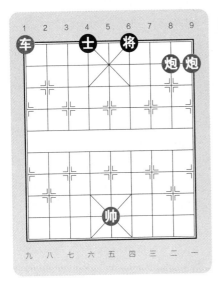

二步杀

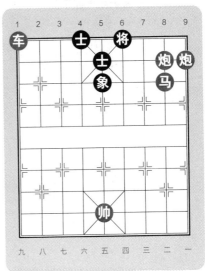

三步杀

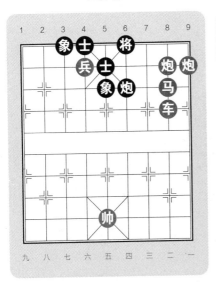

四步杀

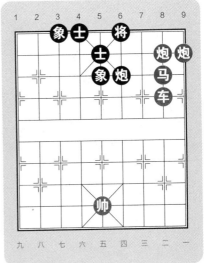

## 五步杀

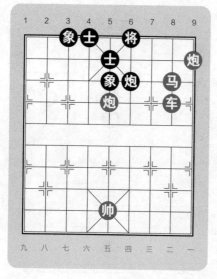

| | |
|---|---|
| 总用时 | |
| 正确数 | |
| 错误题号 | |
| 重做次数 | |

# 第 38 型

## 一步杀

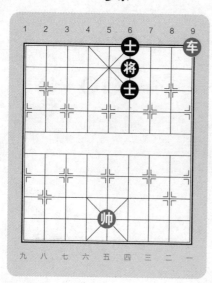

## 二步杀

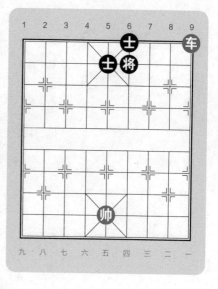

## 三步杀

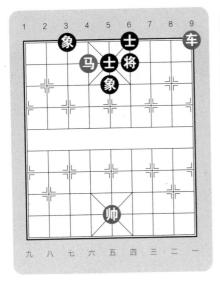

## 四步杀

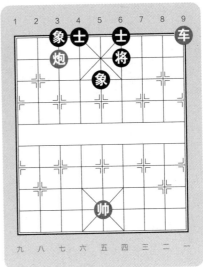

## 五步杀

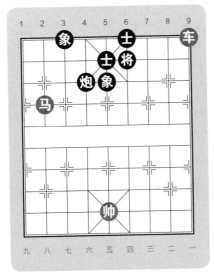

## 训练反馈

| | |
|---|---|
| 总用时 | |
| 正确数 | |
| 错误题号 | |
| 重做次数 | |

# 第 39 型

## 一步杀

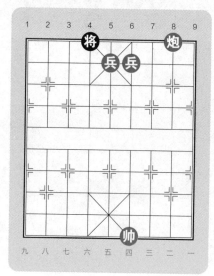

## 二步杀

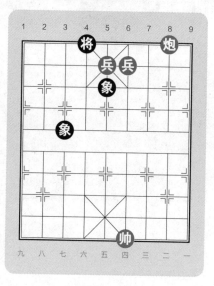

## 三步杀

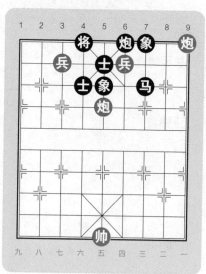

## 四步杀

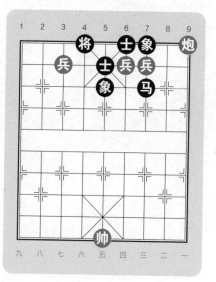

五步杀

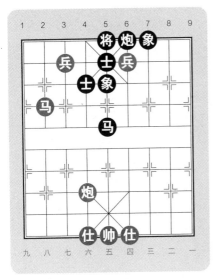

| 总用时 | |
|---|---|
| 正确数 | |
| 错误题号 | |
| 重做次数 | |

# 第 40 型

一步杀

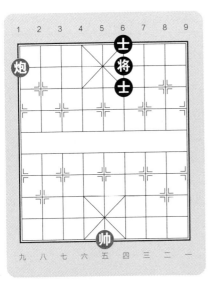

二步杀

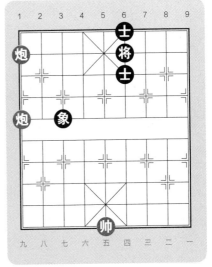

### 三步杀

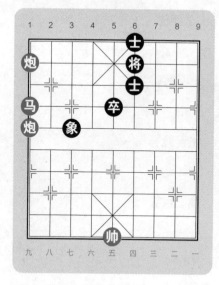

### 四步杀

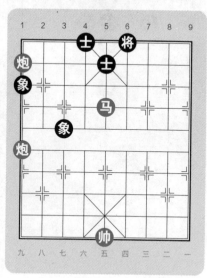

### 五步杀

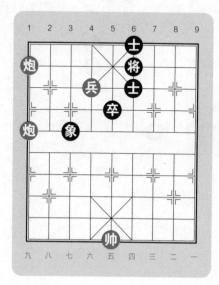

## 训练反馈

| | |
|---|---|
| 总用时 | |
| 正确数 | |
| 错误题号 | |
| 重做次数 | |

# 第 41 型

一步杀

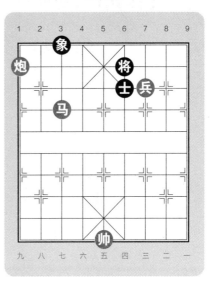

二步杀

三步杀

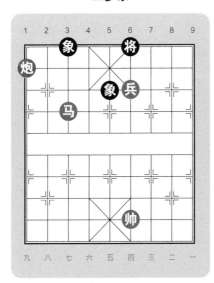

四步杀

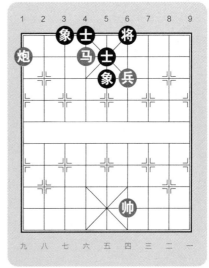

## 五步杀

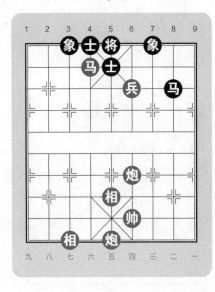

# 第 42 型

## 一步杀

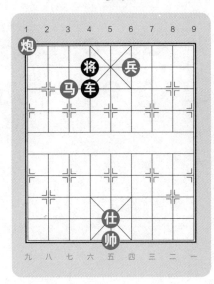

## 二步杀

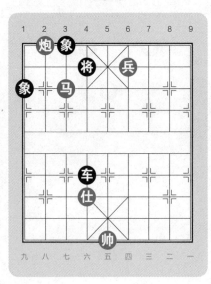

## 三步杀

## 四步杀

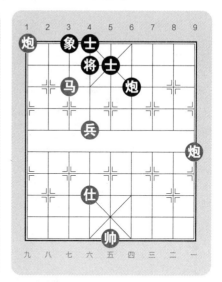

## 五步杀

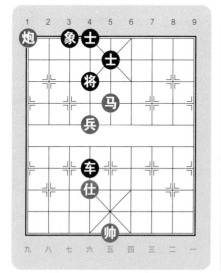

训练反馈

| | |
|---|---|
| 总用时 | |
| 正确数 | |
| 错误题号 | |
| 重做次数 | |

# 第 43 型

## 一步杀

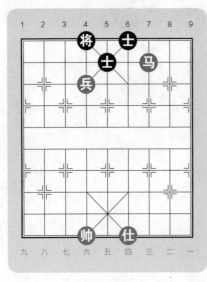

## 二步杀

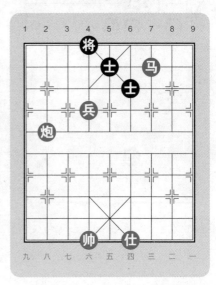

## 三步杀

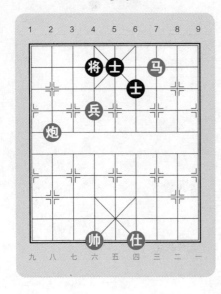

## 四步杀

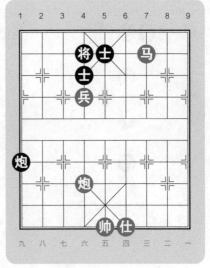

## 五步杀

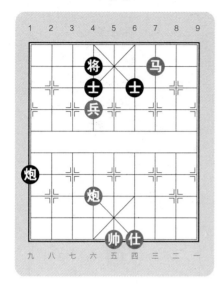

| 总用时 | |
|---|---|
| 正确数 | |
| 错误题号 | |
| 重做次数 | |

# 第 44 型

## 一步杀

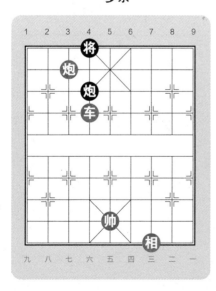

## 二步杀

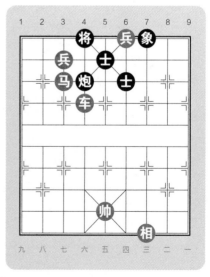

## 三步杀

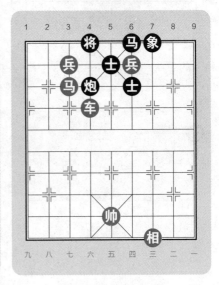

## 四步杀

## 五步杀

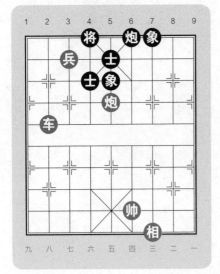

## 训练反馈

| | |
|---|---|
| 总用时 | |
| 正确数 | |
| 错误题号 | |
| 重做次数 | |

# 第 45 型

### 一步杀

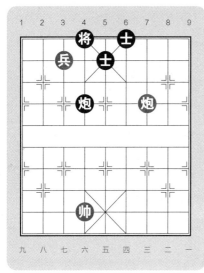

### 二步杀

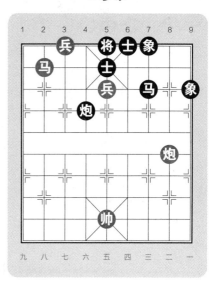

### 三步杀

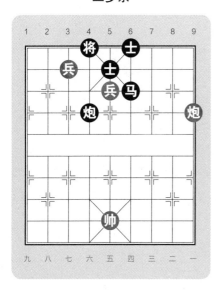

### 四步杀

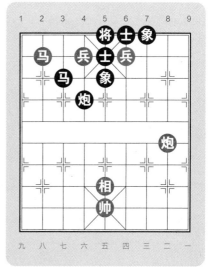

## 五步杀

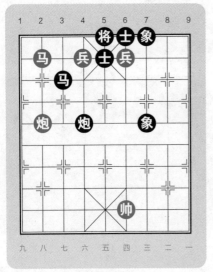

| | |
|---|---|
| 总用时 | |
| 正确数 | |
| 错误题号 | |
| 重做次数 | |

# 第 46 型

## 一步杀

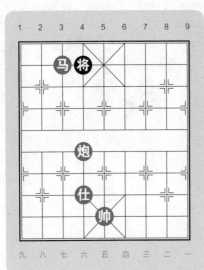

## 二步杀

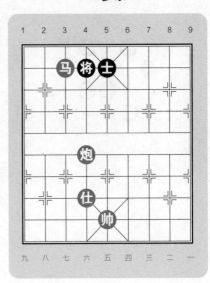

## 三步杀

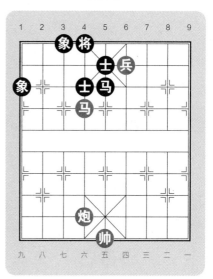

## 四步杀

## 五步杀

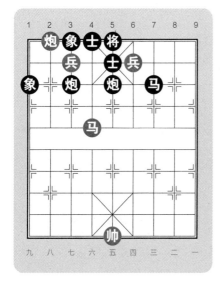

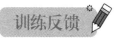

训练反馈

| | |
|---|---|
| 总用时 | |
| 正确数 | |
| 错误题号 | |
| 重做次数 | |

# 第 47 型

## 一步杀

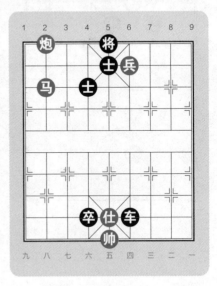

## 二步杀

## 三步杀

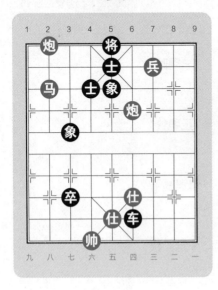

## 四步杀

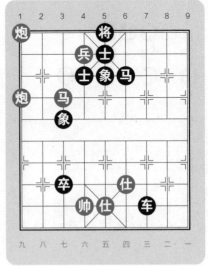

五步杀

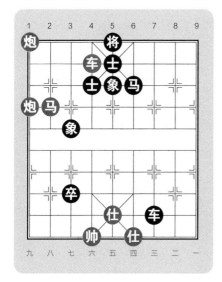

| | |
|---|---|
| 总用时 | |
| 正确数 | |
| 错误题号 | |
| 重做次数 | |

# 第48型

一步杀

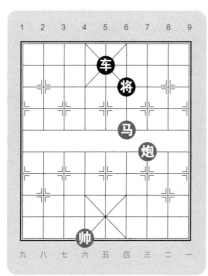

二步杀

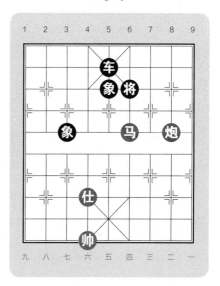

### 三步杀

### 四步杀

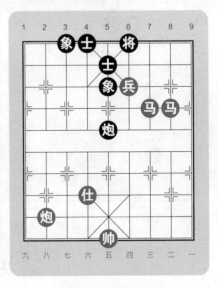

### 五步杀

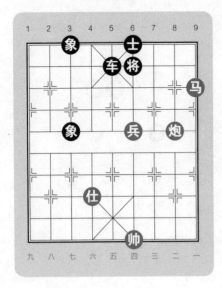

训练反馈 ✏️

| 总用时 | |
|---|---|
| 正确数 | |
| 错误题号 | |
| 重做次数 | |

072

# 第 49 型

一步杀

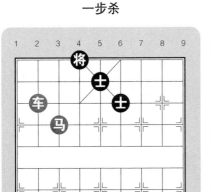

二步杀

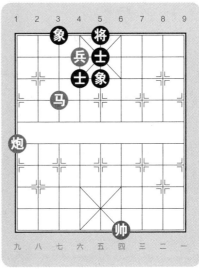

三步杀

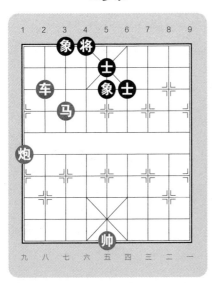

四步杀

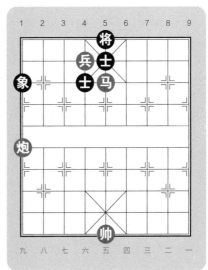

五步杀

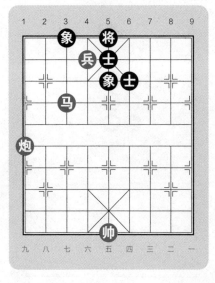

训练反馈

| 总用时 | |
| --- | --- |
| 正确数 | |
| 错误题号 | |
| 重做次数 | |

# 第 50 型

一步杀

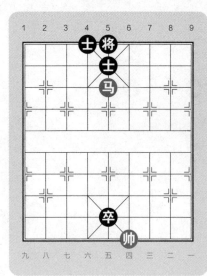

二步杀

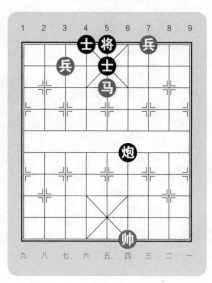

## 三步杀

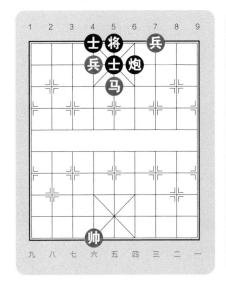

## 四步杀

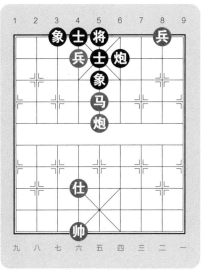

## 五步杀

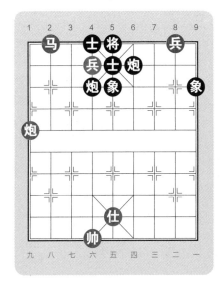

训练反馈

| | |
|---|---|
| 总用时 | |
| 正确数 | |
| 错误题号 | |
| 重做次数 | |

# 第 51 型

一步杀

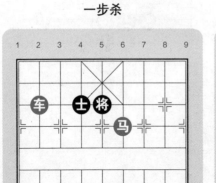

二步杀

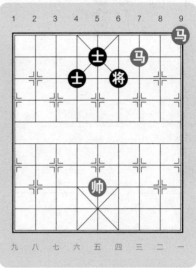

三步杀

四步杀

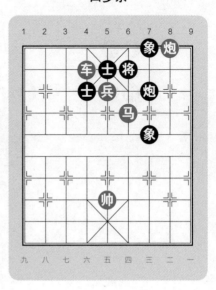

## 五步杀

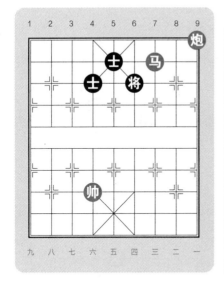

| 总用时 | |
|---|---|
| 正确数 | |
| 错误题号 | |
| 重做次数 | |

# 第 52 型

## 一步杀

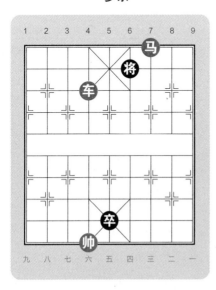

## 二步杀

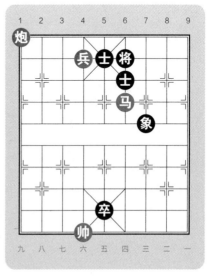

## 三步杀

## 四步杀

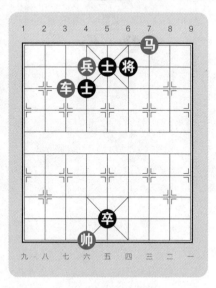

## 五步杀

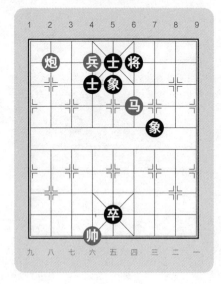

训练反馈

| 总用时 | |
| --- | --- |
| 正确数 | |
| 错误题号 | |
| 重做次数 | |

# 第53型

### 一步杀

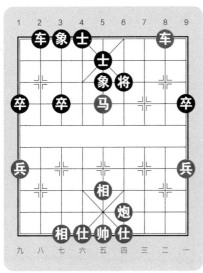

### 二步杀

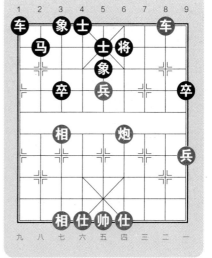

### 三步杀

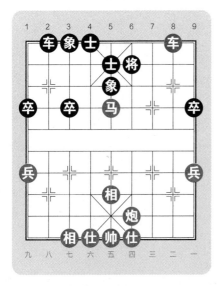

### 四步杀

## 五步杀

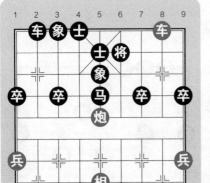

| | 训练反馈 |
|---|---|
| 总用时 | |
| 正确数 | |
| 错误题号 | |
| 重做次数 | |

# 第 54 型

## 一步杀

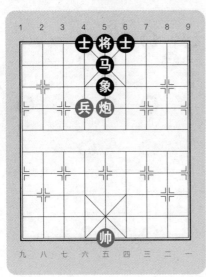

## 二步杀

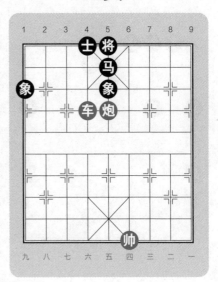

080

## 三步杀

## 四步杀

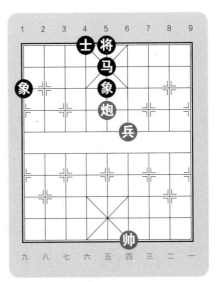

## 五步杀

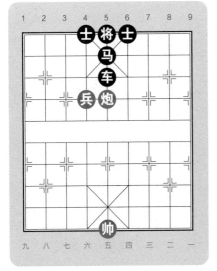

训练反馈

| 总用时 | |
| --- | --- |
| 正确数 | |
| 错误题号 | |
| 重做次数 | |

# 第 55 型

### 一步杀

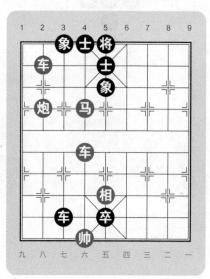

### 二步杀

### 三步杀

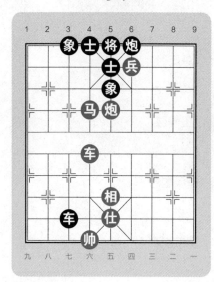

### 四步杀

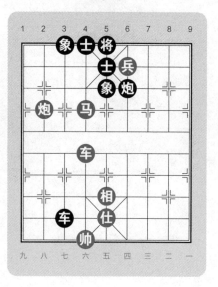

五步杀

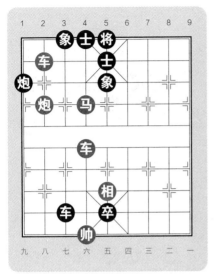

| 总用时 | |
|---|---|
| 正确数 | |
| 错误题号 | |
| 重做次数 | |

# 第 56 型

一步杀

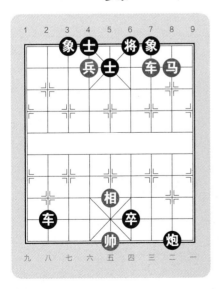

二步杀

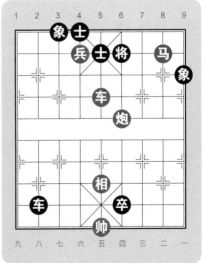

## 三步杀

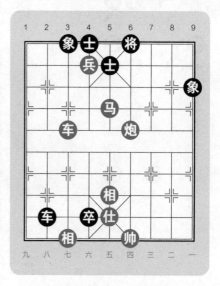

## 四步杀

## 五步杀

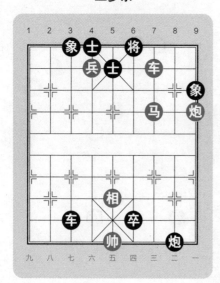

训练反馈

| 总用时 | |
|---|---|
| 正确数 | |
| 错误题号 | |
| 重做次数 | |

# 第 57 型

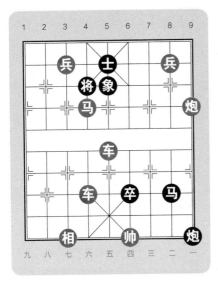

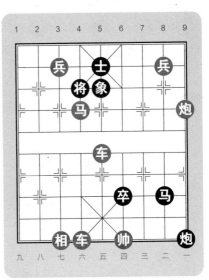

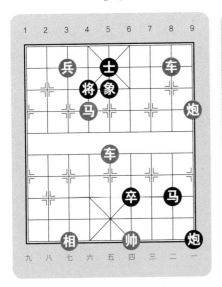

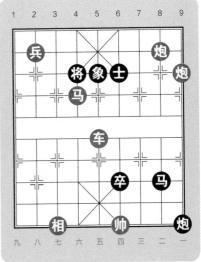

## 五步杀

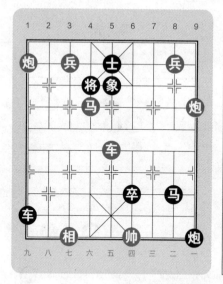

| 总用时 | |
|---|---|
| 正确数 | |
| 错误题号 | |
| 重做次数 | |

# 第 58 型

### 一步杀

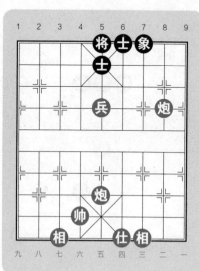

### 二步杀

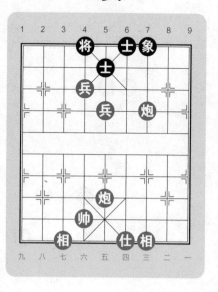

## 三步杀

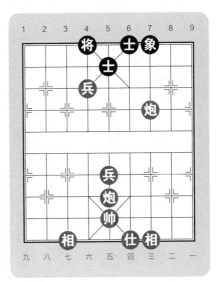

## 四步杀

## 五步杀

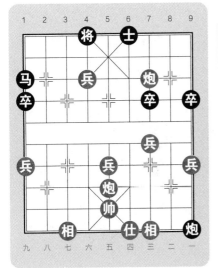

训练反馈

| | |
|---|---|
| 总用时 | |
| 正确数 | |
| 错误题号 | |
| 重做次数 | |

# 第 59 型

一步杀

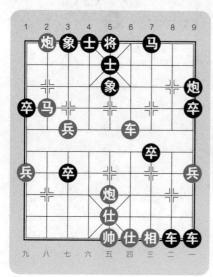

二步杀

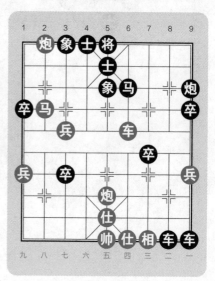

三步杀

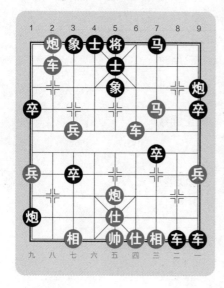

四步杀

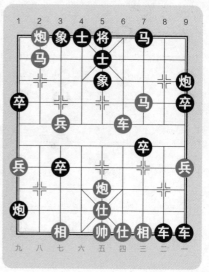

五步杀

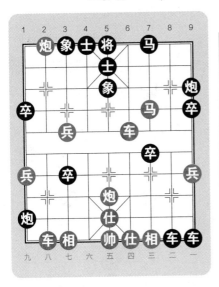

| | |
|---|---|
| 总用时 | |
| 正确数 | |
| 错误题号 | |
| 重做次数 | |

# 第60型

一步杀

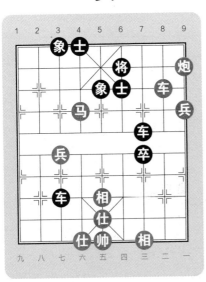

二步杀

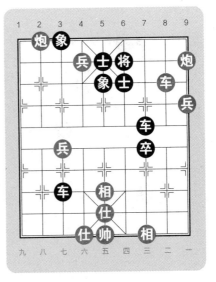

## 三步杀

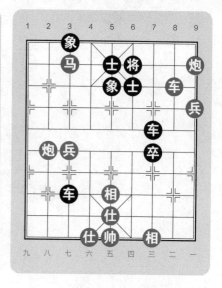

## 四步杀

## 五步杀

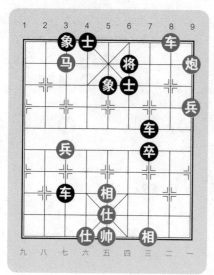

训练反馈

| | |
|---|---|
| 总用时 | |
| 正确数 | |
| 错误题号 | |
| 重做次数 | |

# 第 61 型

### 一步杀

### 二步杀

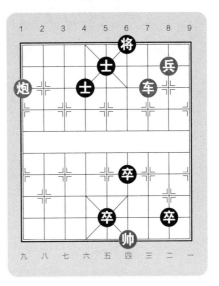

### 三步杀

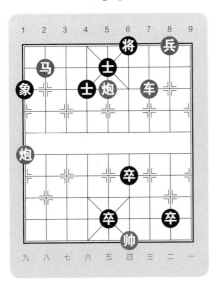

### 四步杀

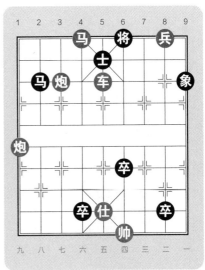

## 五步杀

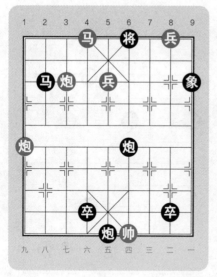

| | |
|---|---|
| 总用时 | |
| 正确数 | |
| 错误题号 | |
| 重做次数 | |

# 第 62 型

## 一步杀

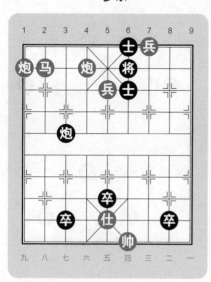

## 二步杀

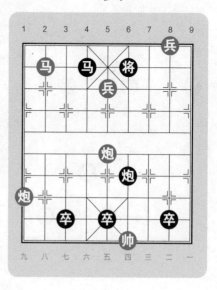

三步杀

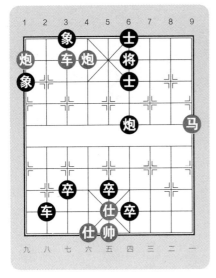

四步杀

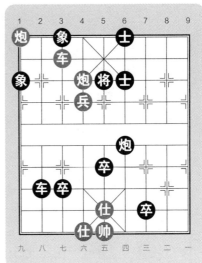

五步杀

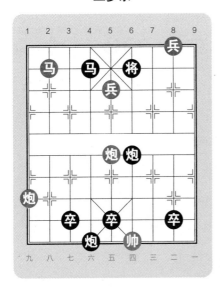

训练反馈

| 总用时 | |
|---|---|
| 正确数 | |
| 错误题号 | |
| 重做次数 | |

# 第 63 型

### 一步杀

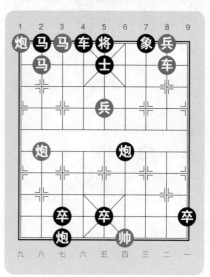

### 二步杀

### 三步杀

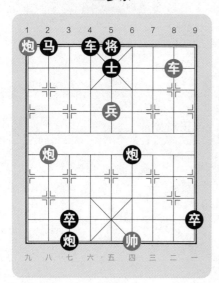

### 四步杀

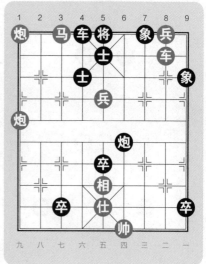

五步杀

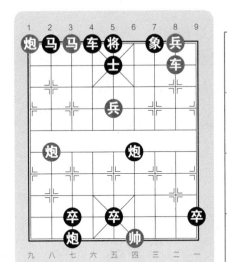

| | |
|---|---|
| 总用时 | |
| 正确数 | |
| 错误题号 | |
| 重做次数 | |

# 第 64 型

一步杀

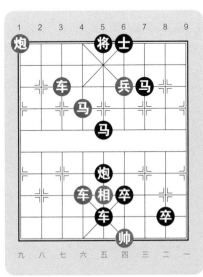

二步杀

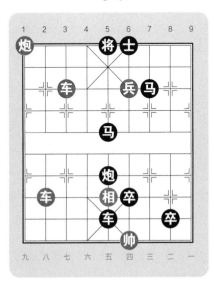

## 三步杀

## 四步杀

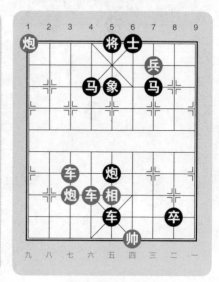

## 五步杀

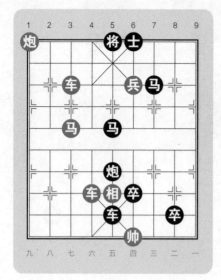

训练反馈

| 总用时 | |
| --- | --- |
| 正确数 | |
| 错误题号 | |
| 重做次数 | |

# 第 65 型

### 一步杀

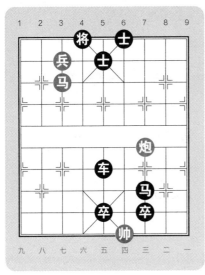

### 二步杀

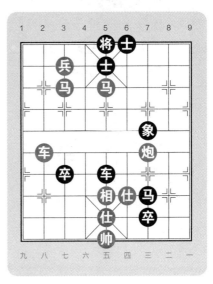

### 三步杀

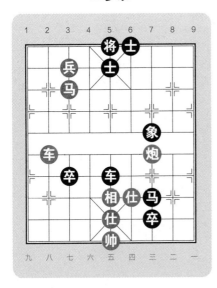

### 四步杀

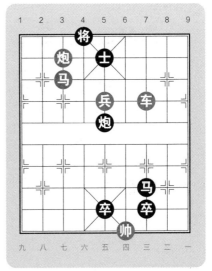

五步杀

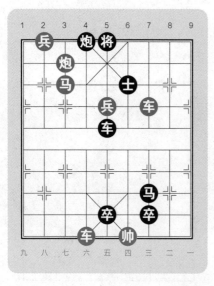

| 总用时 | |
| --- | --- |
| 正确数 | |
| 错误题号 | |
| 重做次数 | |

# 第 66 型

一步杀

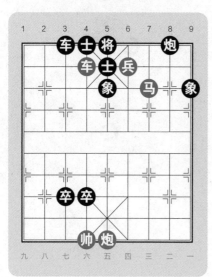

二步杀

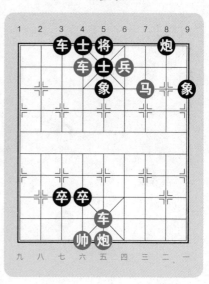

### 三步杀

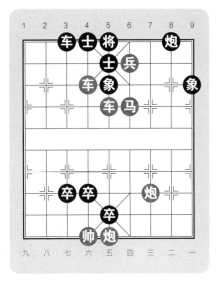

### 四步杀

### 五步杀

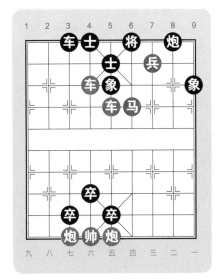

### 训练反馈

| | |
|---|---|
| 总用时 | |
| 正确数 | |
| 错误题号 | |
| 重做次数 | |

# 第 67 型

一步杀

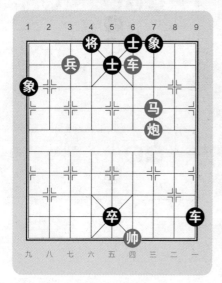

二步杀

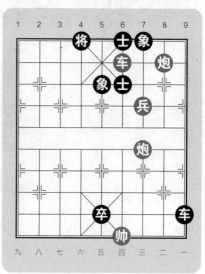

三步杀

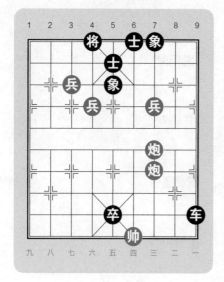

四步杀

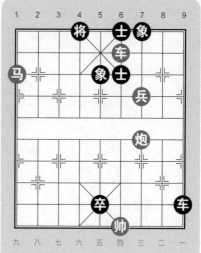

五步杀

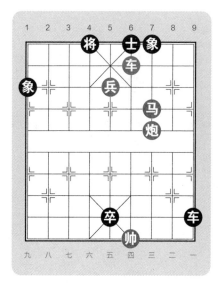

| 总用时 | |
|---|---|
| 正确数 | |
| 错误题号 | |
| 重做次数 | |

# 第 68 型

一步杀

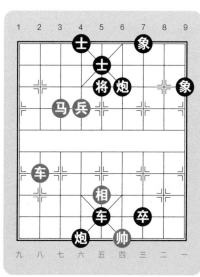

二步杀

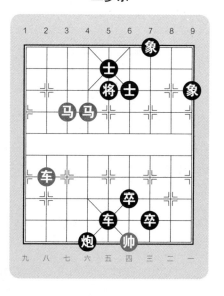

### 三步杀

### 四步杀

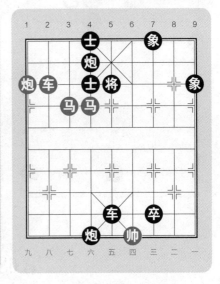

### 五步杀

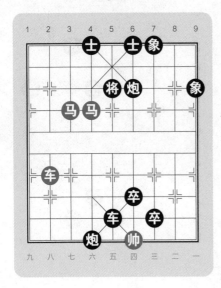

训练反馈

| 总用时 | |
|---|---|
| 正确数 | |
| 错误题号 | |
| 重做次数 | |

# 第 69 型

### 一步杀

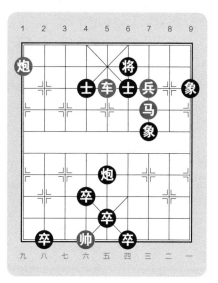

### 二步杀

### 三步杀

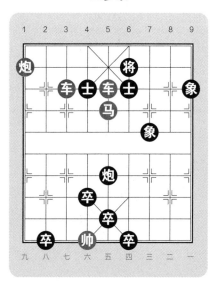

### 四步杀

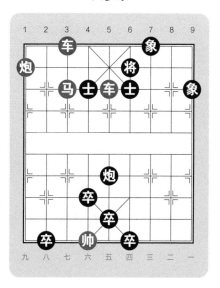

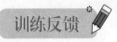

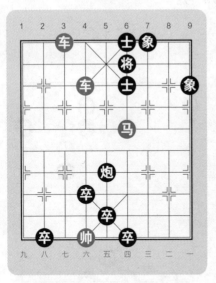

| | |
|---|---|
| 总用时 | |
| 正确数 | |
| 错误题号 | |
| 重做次数 | |

## 第 70 型

一步杀

二步杀

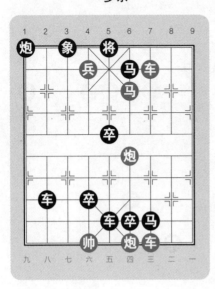

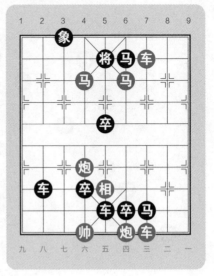

## 三步杀

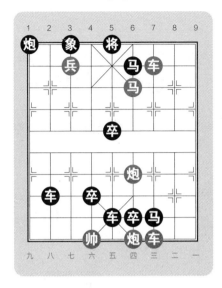

## 四步杀

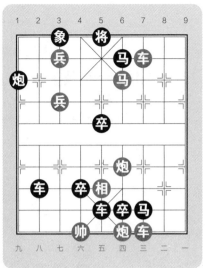

## 五步杀

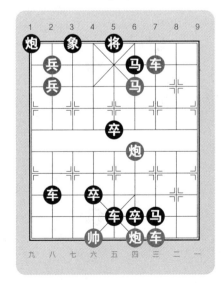

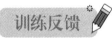
训练反馈

| 总用时 | |
|---|---|
| 正确数 | |
| 错误题号 | |
| 重做次数 | |

# 第 71 型

### 一步杀

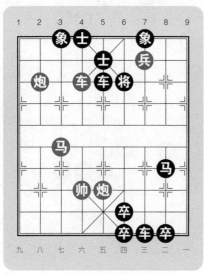

### 二步杀

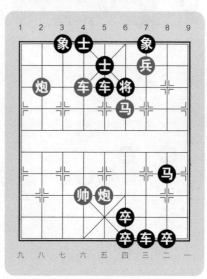

### 三步杀

### 四步杀

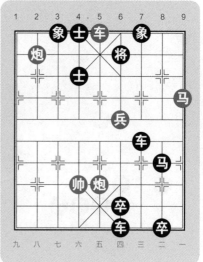

五步杀

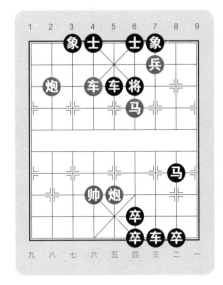

| | |
|---|---|
| 总用时 | |
| 正确数 | |
| 错误题号 | |
| 重做次数 | |

# 第72型

一步杀

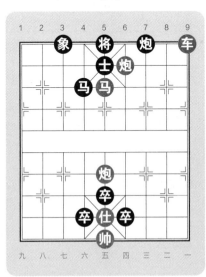

二步杀

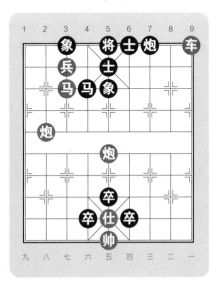

107

## 三步杀

## 四步杀

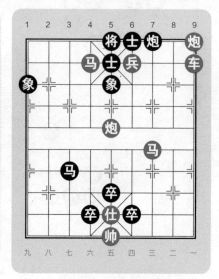

## 五步杀

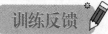

训练反馈

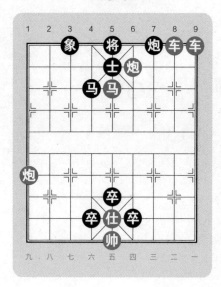

| 总用时 | |
|---|---|
| 正确数 | |
| 错误题号 | |
| 重做次数 | |

# 第73型

### 一步杀

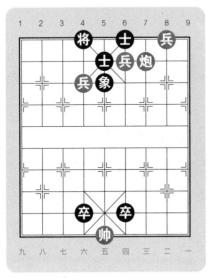

### 二步杀

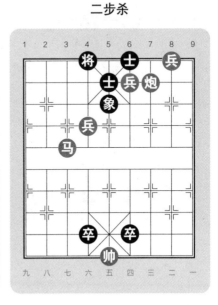

### 三步杀

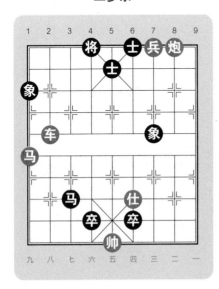

### 四步杀

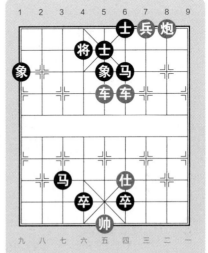

五步杀

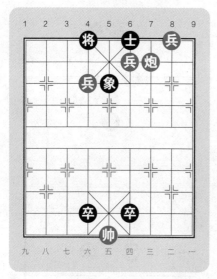

# 第74型

一步杀

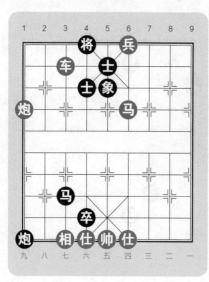

二步杀

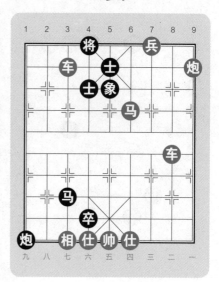

**三步杀**

**四步杀**
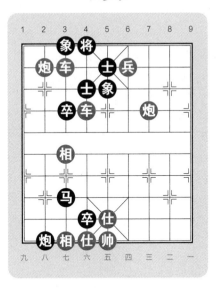

**五步杀**
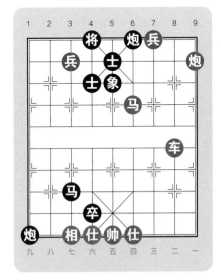

**训练反馈**

| 总用时 | |
| --- | --- |
| 正确数 | |
| 错误题号 | |
| 重做次数 | |

# 第 75 型

### 一步杀

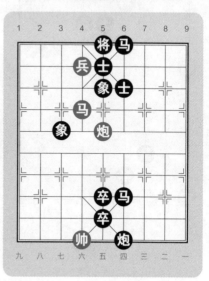

### 二步杀

### 三步杀

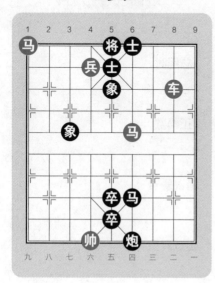

### 四步杀

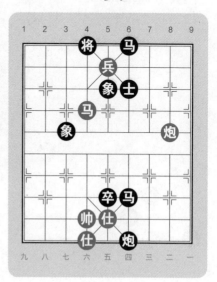

五步杀

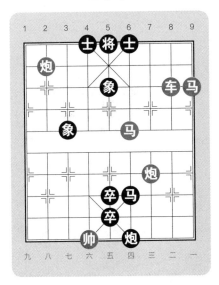

| | |
|---|---|
| 总用时 | |
| 正确数 | |
| 错误题号 | |
| 重做次数 | |

# 第 76 型

一步杀

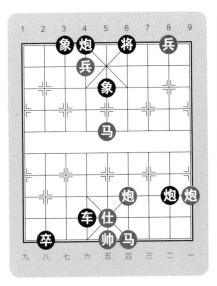

二步杀

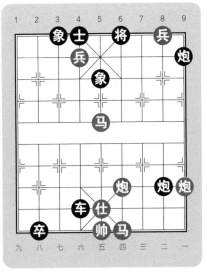

### 三步杀

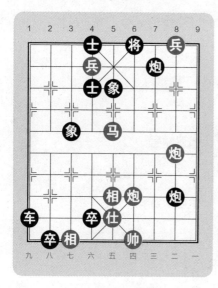

### 四步杀

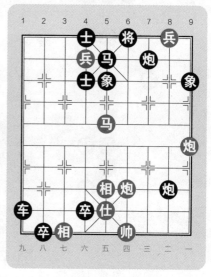

### 五步杀

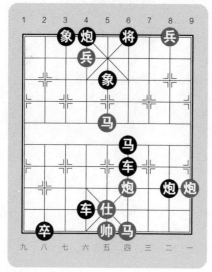

训练反馈

| | |
|---|---|
| 总用时 | |
| 正确数 | |
| 错误题号 | |
| 重做次数 | |

# 第 77 型

一步杀

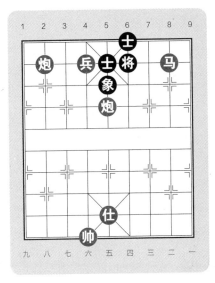

二步杀

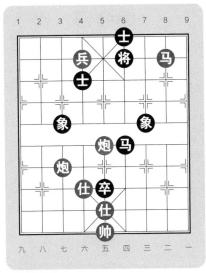

三步杀

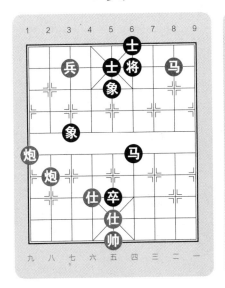

四步杀

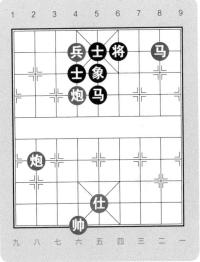

五步杀

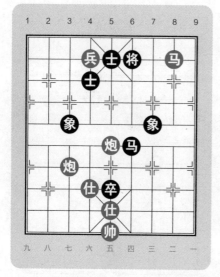

| 总用时 | |
|---|---|
| 正确数 | |
| 错误题号 | |
| 重做次数 | |

# 第78型

一步杀

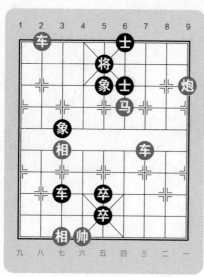

二步杀

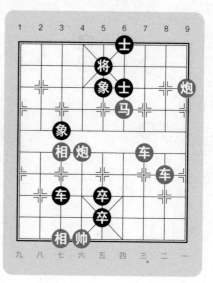

## 三步杀

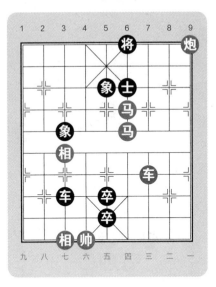

## 四步杀

## 五步杀

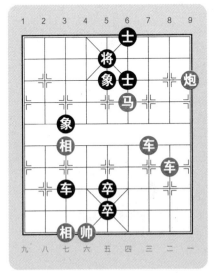

训练反馈

| 总用时 | |
| --- | --- |
| 正确数 | |
| 错误题号 | |
| 重做次数 | |

# 第 79 型

## 一步杀

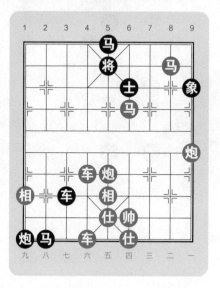

## 二步杀

## 三步杀

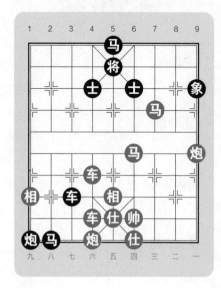

## 四步杀

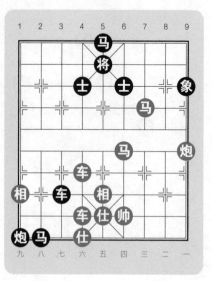

五步杀

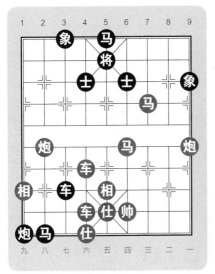

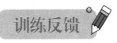
| | |
|---|---|
| 总用时 | |
| 正确数 | |
| 错误题号 | |
| 重做次数 | |

# 第 80 型

一步杀

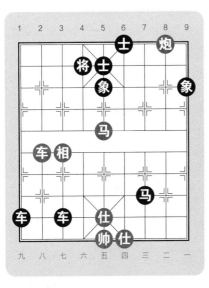

二步杀

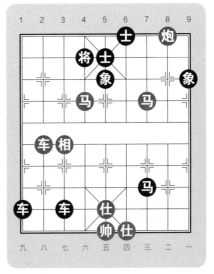

## 三步杀

四步杀

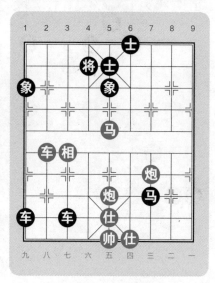

## 五步杀

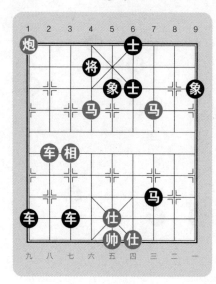

训练反馈

| | |
|---|---|
| 总用时 | |
| 正确数 | |
| 错误题号 | |
| 重做次数 | |

# 第81型

### 一步杀

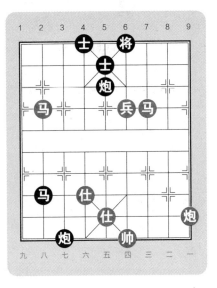

### 二步杀

### 三步杀

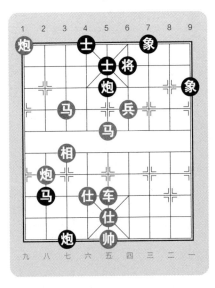

### 四步杀

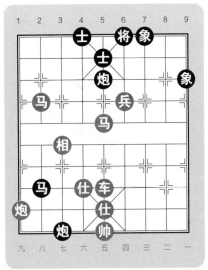

121

## 五步杀

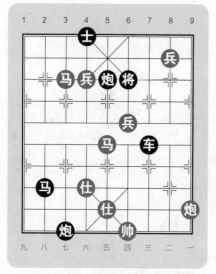

| | |
|---|---|
| 总用时 | |
| 正确数 | |
| 错误题号 | |
| 重做次数 | |

## 第82型

### 一步杀

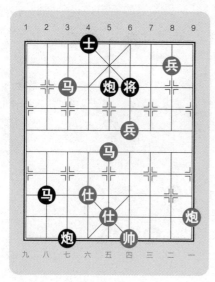

### 二步杀

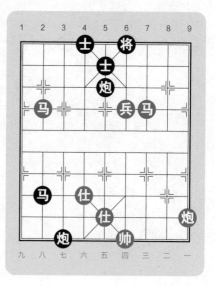

## 三步杀

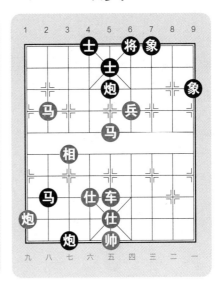

## 四步杀

## 五步杀

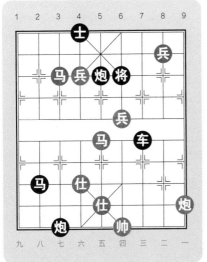

### 训练反馈

| | |
|---|---|
| 总用时 | |
| 正确数 | |
| 错误题号 | |
| 重做次数 | |

# 第 83 型

### 一步杀

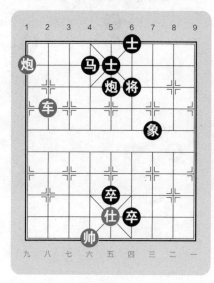

### 二步杀

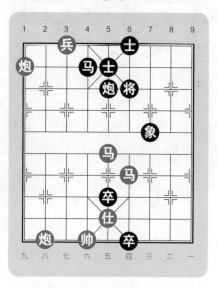

### 三步杀

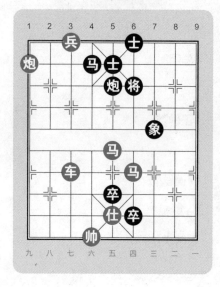

### 四步杀

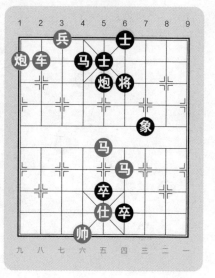

五步杀

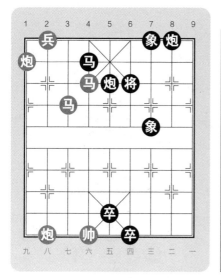

| 总用时 | |
|---|---|
| 正确数 | |
| 错误题号 | |
| 重做次数 | |

# 第 84 型

一步杀

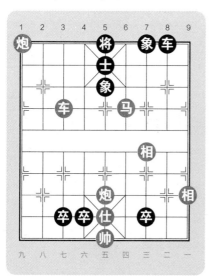

二步杀

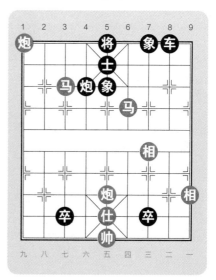

### 三步杀

### 四步杀

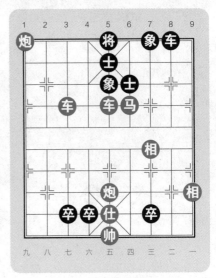

### 五步杀

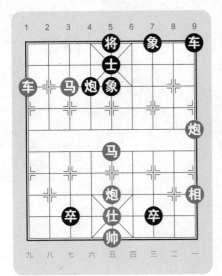

训练反馈

| | |
|---|---|
| 总用时 | |
| 正确数 | |
| 错误题号 | |
| 重做次数 | |

# 第 85 型

一步杀

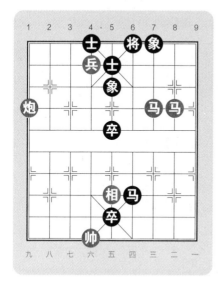

二步杀

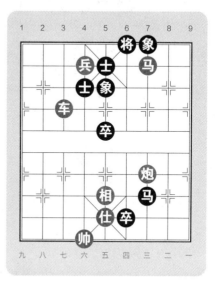

三步杀

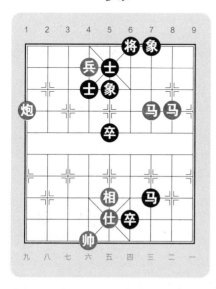

四步杀

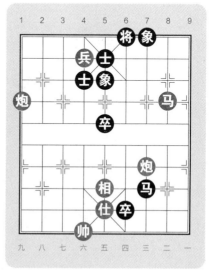

## 五步杀

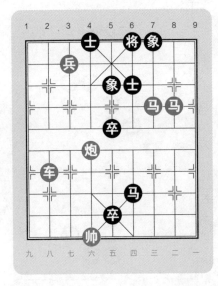

| 总用时 | |
| --- | --- |
| 正确数 | |
| 错误题号 | |
| 重做次数 | |

# 第86型

## 一步杀

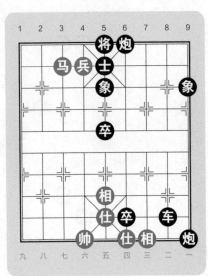

## 二步杀

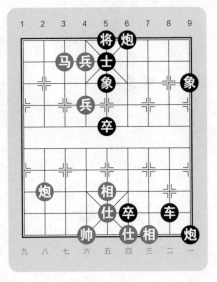

128

## 三步杀

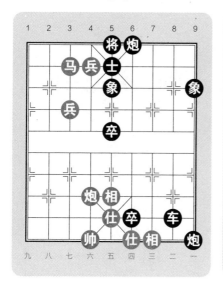

## 四步杀

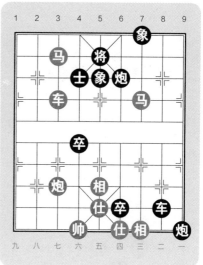

## 五步杀

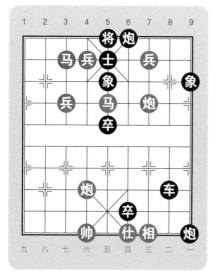

| 总用时 | |
| --- | --- |
| 正确数 | |
| 错误题号 | |
| 重做次数 | |

# 第87型

### 一步杀

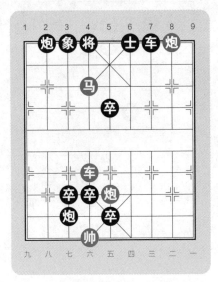

### 二步杀

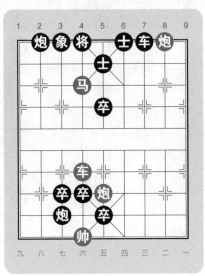

### 三步杀

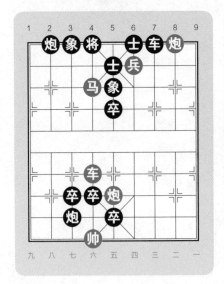

### 四步杀

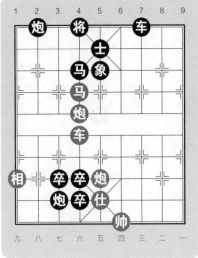

五步杀

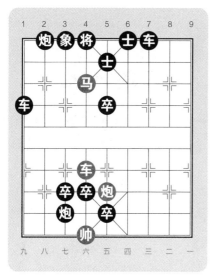

| 总用时 | |
| --- | --- |
| 正确数 | |
| 错误题号 | |
| 重做次数 | |

# 第88型

一步杀

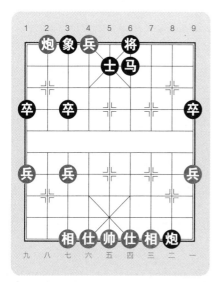

二步杀

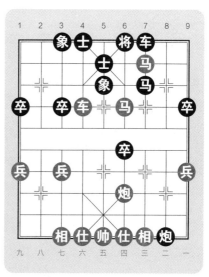

131

## 三步杀

## 四步杀

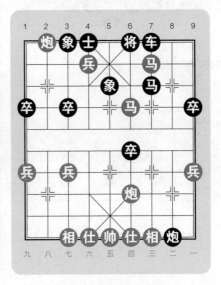

## 五步杀

训练反馈

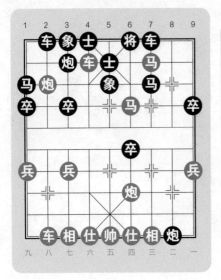

| 总用时 | |
|---|---|
| 正确数 | |
| 错误题号 | |
| 重做次数 | |

# 第89型

### 一步杀

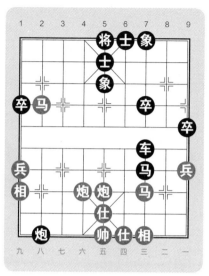

### 二步杀

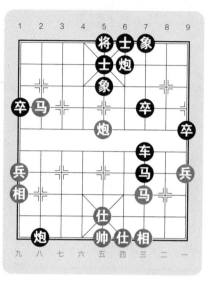

### 三步杀

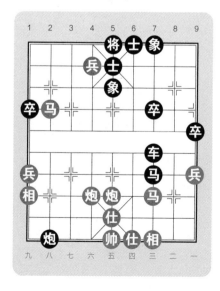

### 四步杀

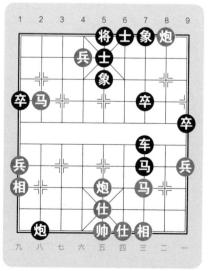

五步杀

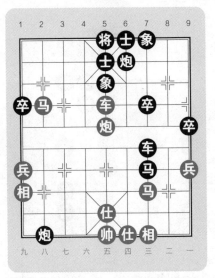

| 总用时 | |
|---|---|
| 正确数 | |
| 错误题号 | |
| 重做次数 | |

# 第90型

一步杀

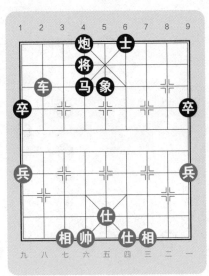

二步杀

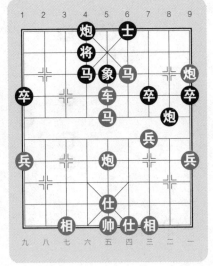

## 三步杀

## 四步杀

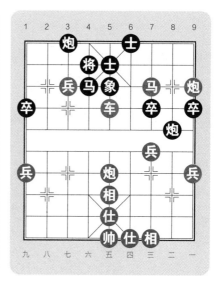

## 五步杀

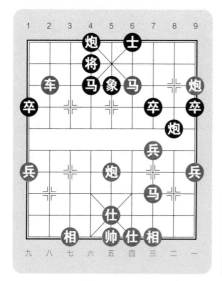

### 训练反馈

| | |
|---|---|
| 总用时 | |
| 正确数 | |
| 错误题号 | |
| 重做次数 | |

# 第 91 型

一步杀

二步杀

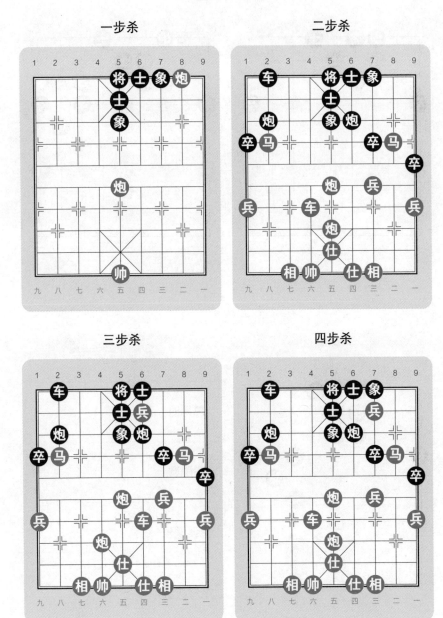

三步杀

四步杀

五步杀

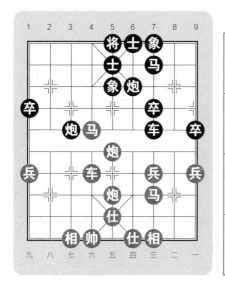

| 总用时 | |
|---|---|
| 正确数 | |
| 错误题号 | |
| 重做次数 | |

# 第 92 型

一步杀

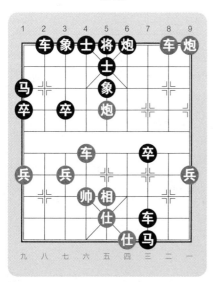

二步杀

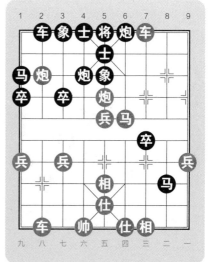

三步杀

四步杀

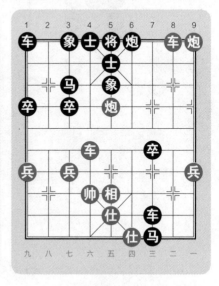

五步杀

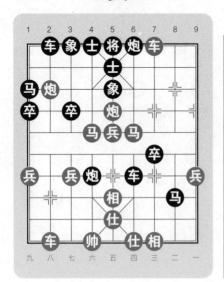

训练反馈

| 总用时 | |
|---|---|
| 正确数 | |
| 错误题号 | |
| 重做次数 | |

# 第93型

### 一步杀

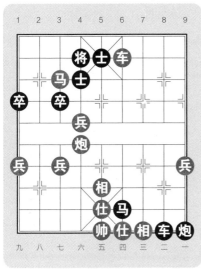

### 二步杀

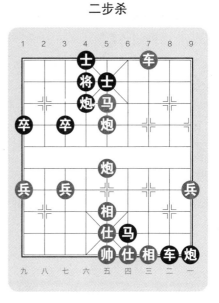

### 三步杀

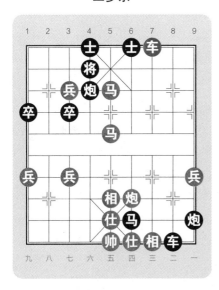

### 四步杀

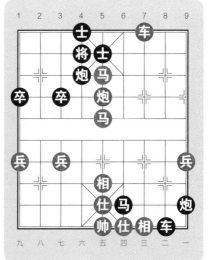

## 五步杀

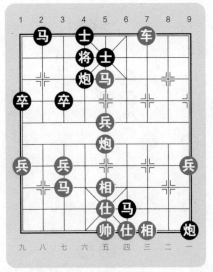

| | |
|---|---|
| 总用时 | |
| 正确数 | |
| 错误题号 | |
| 重做次数 | |

# 第 94 型

## 一步杀

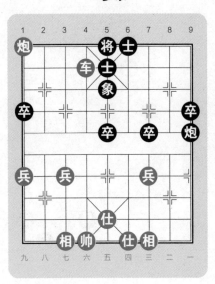

## 二步杀

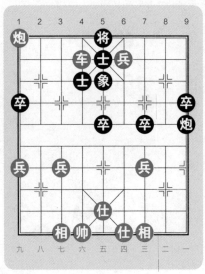

## 三步杀

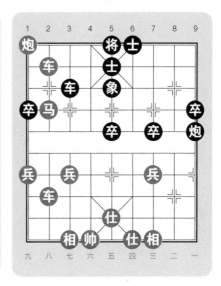

## 四步杀

## 五步杀

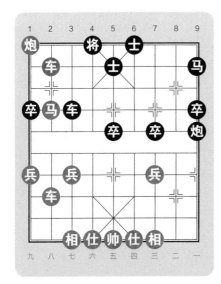

训练反馈

| 总用时 | |
| --- | --- |
| 正确数 | |
| 错误题号 | |
| 重做次数 | |

# 第 95 型

### 一步杀

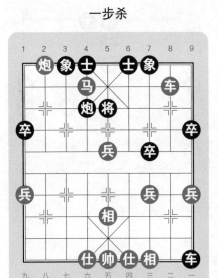

### 二步杀

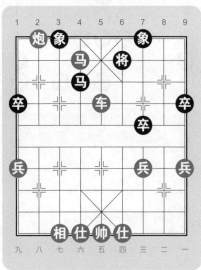

### 三步杀

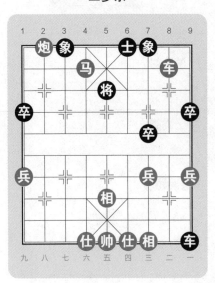

### 四步杀

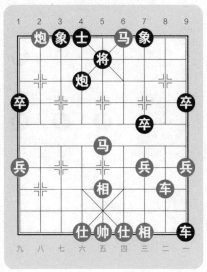

## 五步杀

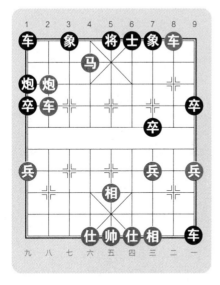

| 总用时 | |
|---|---|
| 正确数 | |
| 错误题号 | |
| 重做次数 | |

# 第 96 型

### 一步杀

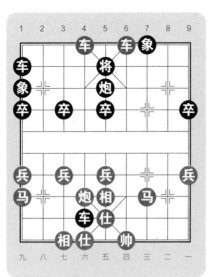

### 二步杀

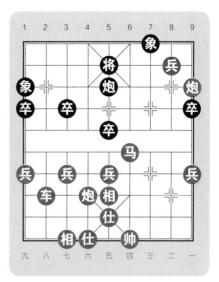

## 三步杀

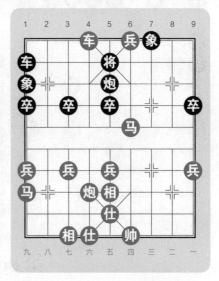

## 四步杀

## 五步杀

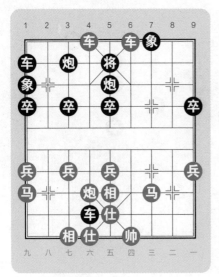

训练反馈

| | |
|---|---|
| 总用时 | |
| 正确数 | |
| 错误题号 | |
| 重做次数 | |

# 第 97 型

一步杀

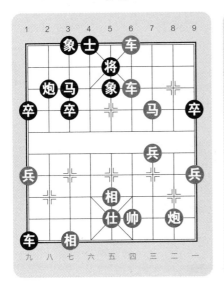

二步杀

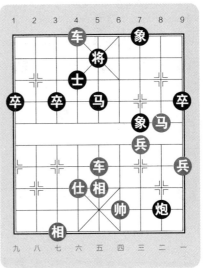

三步杀

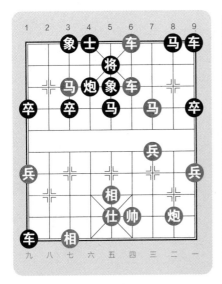

四步杀

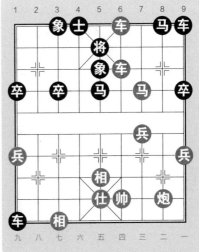

五步杀

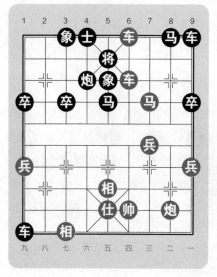

| | |
|---|---|
| 总用时 | |
| 正确数 | |
| 错误题号 | |
| 重做次数 | |

# 第98型

一步杀

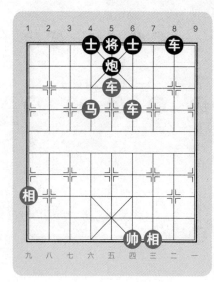

二步杀

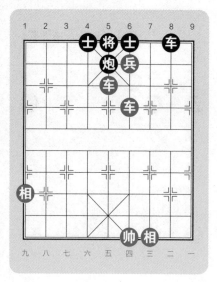

三步杀 四步杀

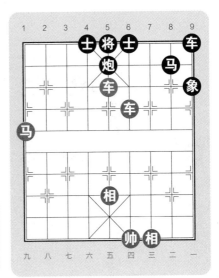

五步杀

训练反馈

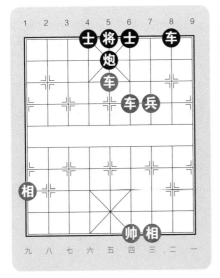

| | |
|---|---|
| 总用时 | |
| 正确数 | |
| 错误题号 | |
| 重做次数 | |

147

# 第 99 型

一步杀

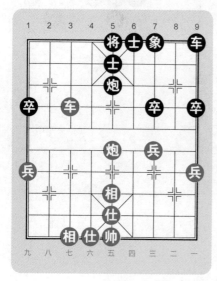

二步杀

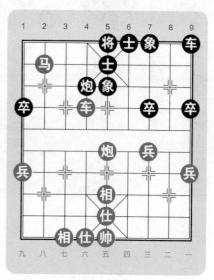

三步杀

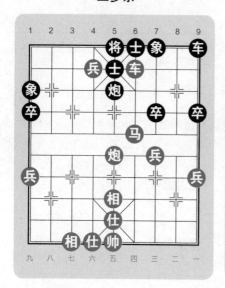

四步杀

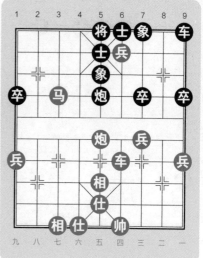

## 五步杀

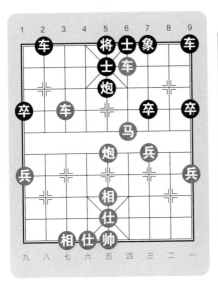

| | |
|---|---|
| 总用时 | |
| 正确数 | |
| 错误题号 | |
| 重做次数 | |

# 第 100 型

### 一步杀

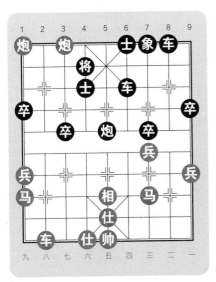

### 二步杀

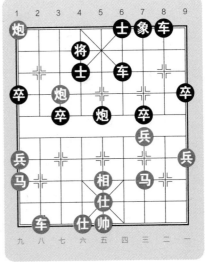

## 三步杀

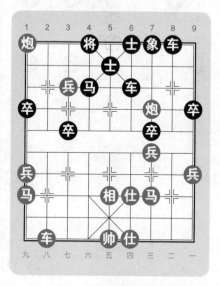

## 四步杀

## 五步杀

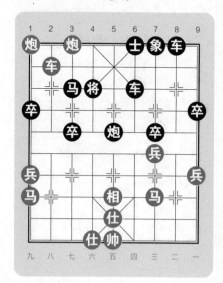

训练反馈

| | |
|---|---|
| 总用时 | |
| 正确数 | |
| 错误题号 | |
| 重做次数 | |

# 第 101 型

### 一步杀

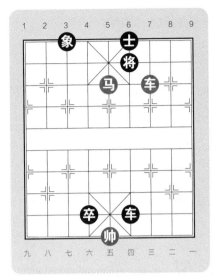

### 二步杀

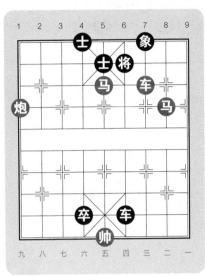

### 三步杀

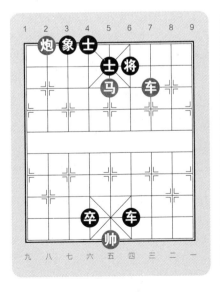

### 四步杀

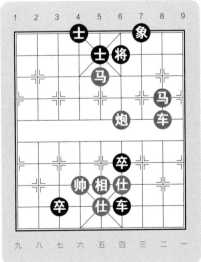

五步杀

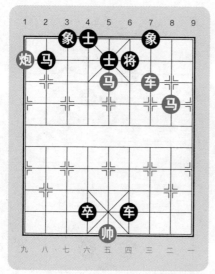

| | |
|---|---|
| 总用时 | |
| 正确数 | |
| 错误题号 | |
| 重做次数 | |

# 第 102 型

一步杀

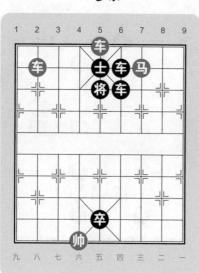

二步杀

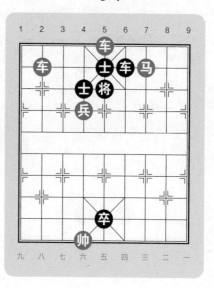

## 三步杀

## 四步杀

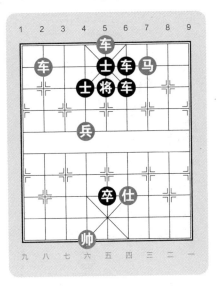

## 五步杀

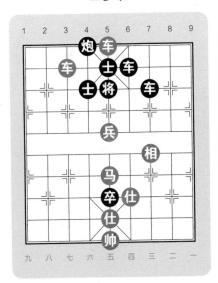

### 训练反馈

| | |
|---|---|
| 总用时 | |
| 正确数 | |
| 错误题号 | |
| 重做次数 | |

# 第103型

一步杀

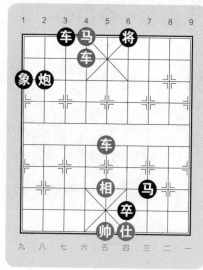

二步杀

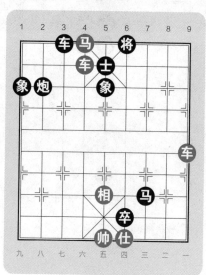

三步杀

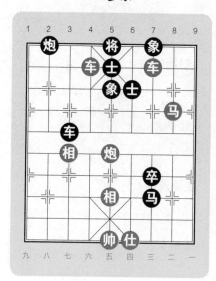

四步杀

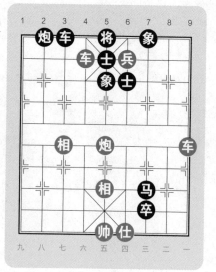

五步杀

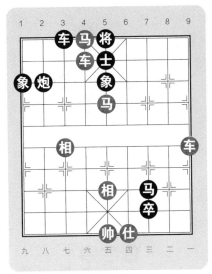

| 总用时 | |
|---|---|
| 正确数 | |
| 错误题号 | |
| 重做次数 | |

# 第 104 型

一步杀

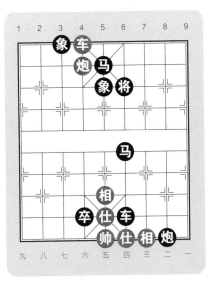

二步杀

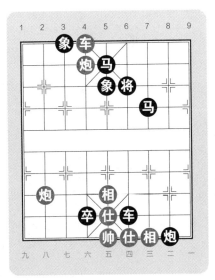

## 三步杀

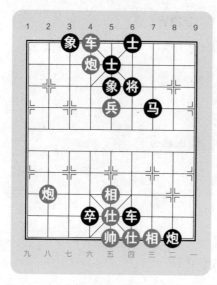

## 四步杀

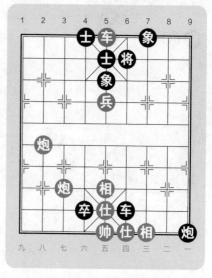

## 五步杀

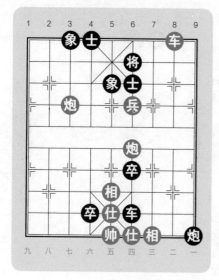

訓练反馈

| 总用时 | |
|---|---|
| 正确数 | |
| 错误题号 | |
| 重做次数 | |

# 第 105 型

### 一步杀

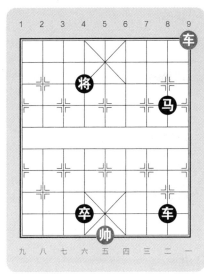

### 二步杀

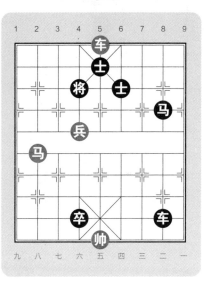

### 三步杀

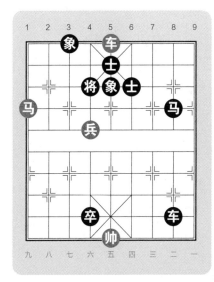

### 四步杀

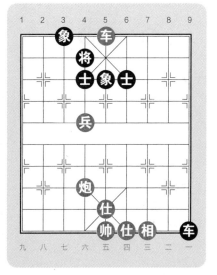

五步杀

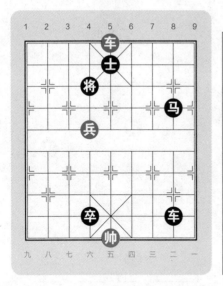

| 总用时 | |
|---|---|
| 正确数 | |
| 错误题号 | |
| 重做次数 | |

# 第106型

一步杀

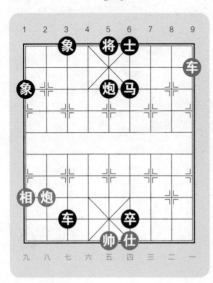

二步杀

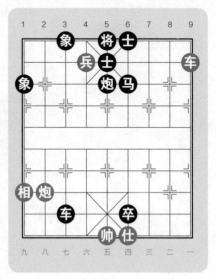

**三步杀**

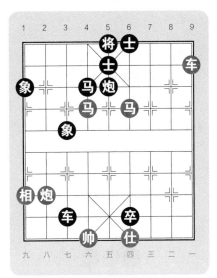

**四步杀**

**五步杀**

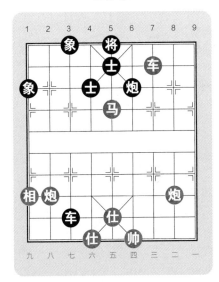

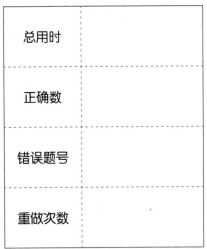

训练反馈

| | |
|---|---|
| 总用时 | |
| 正确数 | |
| 错误题号 | |
| 重做次数 | |

# 第 107 型

### 一步杀

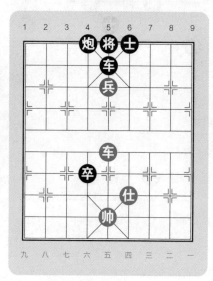

### 二步杀

### 三步杀

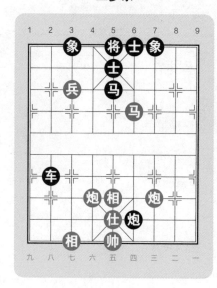

### 四步杀

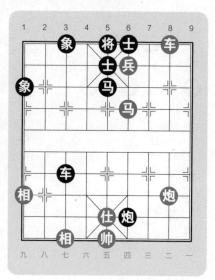

## 五步杀

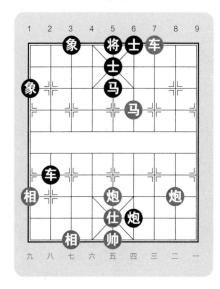

| | |
|---|---|
| 总用时 | |
| 正确数 | |
| 错误题号 | |
| 重做次数 | |

## 第 108 型

一步杀

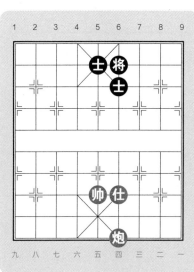

二步杀

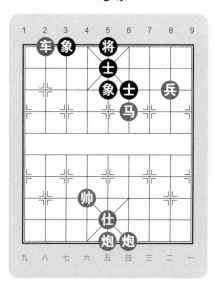

## 三步杀

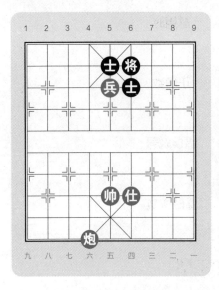

## 四步杀

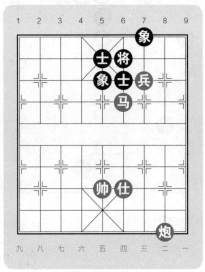

## 五步杀

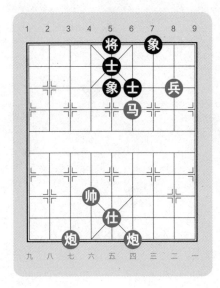

### 训练反馈

| | |
|---|---|
| 总用时 | |
| 正确数 | |
| 错误题号 | |
| 重做次数 | |

# 第 109 型

一步杀

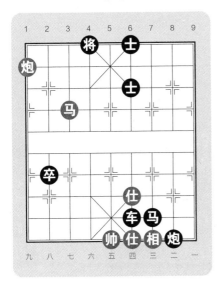

二步杀

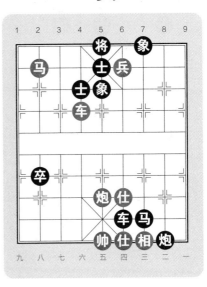

三步杀

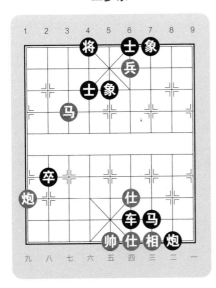

四步杀

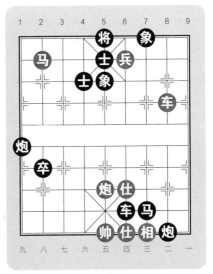

五步杀

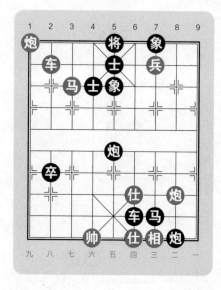

| 总用时 | |
|---|---|
| 正确数 | |
| 错误题号 | |
| 重做次数 | |

# 第 110 型

一步杀

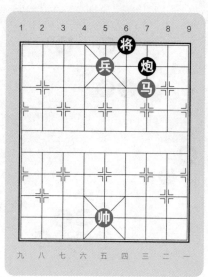

二步杀

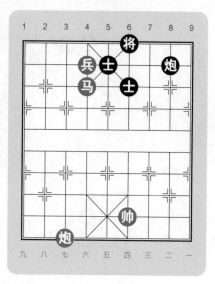

三步杀

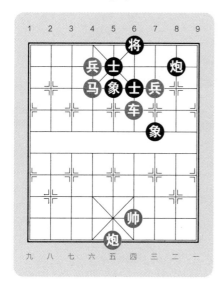

四步杀

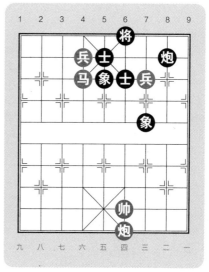

五步杀

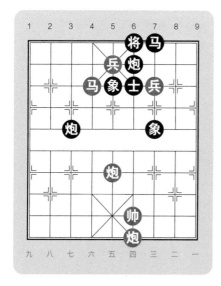

训练反馈

| 总用时 | |
|---|---|
| 正确数 | |
| 错误题号 | |
| 重做次数 | |

# 参考答案

## 第 1 型

一步杀：

① 车七进九（红胜）

二步杀：

① 前车进七　车1平3

② 车七进九（红胜）

三步杀：

① 前车进六　车1进7

② 前车进一　炮7平3

③ 车七进九（红胜）

四步杀：

① 前车平二　车1进6

② 炮一进七　炮7进1

③ 车二进七　炮7退1

④ 车二平三（红胜）

五步杀：

① 前车平四　炮7进1

② 车四平一　车1进7

③ 车一进七　炮7退1

④ 车一平三　士5退6

⑤ 车三平四（红胜）

## 第 2 型

一步杀：

① 仕五进六（红胜）

二步杀：

① 车六平四　将4平5

② 仕五退四（红胜）

三步杀：

① 兵四平五　马3退2

② 车六进一　马2进4

③ 车六进一（红胜）

四步杀：

① 兵四平五　士4退5

② 马四进三　将5平6

③ 车六平四　士5进6

166

④ 车四进一（红胜）

五步杀：

① 兵四平五　将5平6

② 马四进六　马3进4

③ 车六退一　炮1进1

④ 车六平四　炮1平6

⑤ 车四进一（红胜）

## 第3型

一步杀：

① 兵七进一（红胜）

二步杀：

① 兵四平五　将5平6

② 帅五进一（红胜）

三步杀：

① 兵七平六　象1退3

② 帅五平六　象3进1

③ 兵六进一（红胜）

四步杀：

① 兵七平六　象5进7

② 兵三进一　象7退5

③ 帅五进一　象5进7

④ 兵四进一（红胜）

五步杀：

① 马一退二　象1进3

② 马二进三　炮6进5

③ 兵四平五　士4退5

④ 马三退四　将5平6

⑤ 炮五平四（红胜）

## 第4型

一步杀：

① 车五进三（红胜）

二步杀：

① 车七平六　马7进6

② 车六平五（红胜）

三步杀：

① 车五平一　士5退6

② 车一进五　士4进5

③ 兵四平五（红胜）

四步杀：

① 车七进一　马7进5

② 炮五进二　士5退6

③ 车七退一　马5进4

④ 车七平五（红胜）

五步杀：

① 车七平六　卒3进1

② 帅六进一　马3进2

③ 车六退三　马2进3

④ 帅六平五　马3退4

⑤ 马九退七（红胜）

## 第 5 型

一步杀：

① 车五平六（红胜）

二步杀：

① 车五退一　将 4 退 1

② 马九进八（红胜）

三步杀：

① 车五退一　将 4 退 1

② 车五进一　将 4 进 1

③ 车五平六（红胜）

四步杀：

① 炮一平六　炮 4 平 3

② 炮五进三　炮 3 进 7

③ 帅五进一　炮 3 平 1

④ 炮五平六（红胜）

五步杀：

① 炮五平六　炮 6 退 1

② 马八进九　车 4 进 2

③ 马九退七　将 4 进 1

④ 车五平八　车 4 退 1

⑤ 车八退二（红胜）

## 第 6 型

一步杀：

① 车四平六（红胜）

二步杀：

① 车四平六　马 3 进 4

② 车一平六（红胜）

三步杀：

① 车四平六　马 3 进 4

② 车一平六　马 2 退 4

③ 车六进一（红胜）

四步杀：

① 车四平六　炮 5 平 4

② 车六进一　炮 9 平 4

③ 炮五平六　炮 4 退 4

④ 车一平六（红胜）

五步杀：

① 车四平六　炮 5 平 4

② 车六进一　炮 9 平 4

③ 炮五平六　炮 4 退 4

④ 车一平六　马 3 进 4

⑤ 车六进一（红胜）

## 第 7 型

一步杀：

① 马二进三（红胜）

二步杀：

① 马二进四　象 9 进 7

② 兵四进一（红胜）

三步杀：

① 炮二平六　象 9 进 7

② 马六进八　将 4 平 5

③ 兵四平五（红胜）

四步杀：

① 兵四平五　将5平4

② 马六进八　象9进7

③ 帅六平五　象7退9

④ 兵五平六（红胜）

五步杀：

① 马二退一　象9进7

② 马一进三　将5平6

③ 帅六平五　象7退9

④ 兵四平五　象9进7

⑤ 马三进二（红胜）

## 第8型

一步杀：

① 车五平六（红胜）

二步杀：

① 车五平六　士5进4

② 车六进四（红胜）

三步杀：

① 车五平六　士5进4

② 炮六进五　车1进1

③ 炮六平一（红胜）

四步杀：

① 车五平六　士5进4

② 马三进四　将4退1

③ 车六进四　马2退4

④ 车六进一（红胜）

五步杀：

① 兵五平六　士5进4

② 兵六进一　将4进1

③ 马二进四　炮1进4

④ 车五平六　马2进4

⑤ 车六进三（红胜）

## 第9型

一步杀：

① 炮五平六（红胜）

二步杀：

① 炮五平六　士5进4

② 兵六进一（红胜）

三步杀：

① 炮五平六　士5进4

② 兵六进一　炮9平4

③ 兵六进一（红胜）

四步杀：

① 兵七进一　象5退3

② 炮五平六　炮6进7

③ 马六进四　将4平5

④ 马四进六（红胜）

五步杀：

① 兵六进一　士5退6

② 兵六进一　将4平5

③ 兵六进一　将5进1

④ 兵七平六　将5平6

⑤马三进二（红胜）

## 第 10 型

一步杀：

① 车四进三（红胜）

二步杀：

① 炮一进三　士 5 退 6

② 车四进三（红胜）

三步杀：

① 前兵平五　士 6 进 5

② 炮一进三　士 5 退 6

③ 车四进三（红胜）

四步杀：

① 马六进七　将 4 进 1

② 炮二进二　炮 4 平 5

③ 前兵平五　将 4 进 1

④ 车四平六（红胜）

五步杀：

① 车四进一　炮 4 平 2

② 马三进四　炮 2 平 6

③ 兵四平五　马 3 进 5

④ 兵五进一　将 5 平 4

⑤ 车四平六（红胜）

## 第 11 型

一步杀：

① 炮一平六（红胜）

二步杀：

① 炮一平六　马 3 退 4

② 车八进七（红胜）

三步杀：

① 炮九进七　车 4 进 4

② 炮四平六　马 2 进 1

③ 车八平七（红胜）

四步杀：

① 炮二进七　象 5 退 7

② 兵三进一　象 7 进 5

③ 兵三平四　车 4 进 2

④ 兵四平五（红胜）

五步杀：

① 车八进七　车 4 平 3

② 相九进七　炮 5 平 3

③ 相七退九　象 5 进 3

④ 车八退一　炮 3 进 3

⑤ 车八平六（红胜）

## 第 12 型

一步杀：

① 车四进三（红胜）

二步杀：

① 兵六平五　将 5 平 4

② 车四平六（红胜）

三步杀：

① 兵七平六　马 3 进 2

② 兵六平五　将5平4

③ 车四进三（红胜）

四步杀：

① 车四平五　将5平4

② 马三进四　士5退6

③ 车五平六　将4平5

④ 车六进二（红胜）

五步杀：

① 车六进七　将5平4

② 马三进五　炮7平3

③ 马五退七　象5退3

④ 车四进三　将4进1

⑤ 车四平六（红胜）

## 第13型

一步杀：

① 炮三退二（红胜）

二步杀：

① 炮二退四　象5退7

② 炮二平六（红胜）

三步杀：

① 炮二退四　将4退1

② 兵六进一　士5进4

③ 炮二进六（红胜）

四步杀：

① 相五退三　马7退8

② 车一退四　马8进6

③ 车一平六　马6进4

④ 车六进一（红胜）

五步杀：

① 炮二进一　士5进6

② 仕四进五　象7退5

③ 仕五进六　象5退7

④ 炮二退七　将4退1

⑤ 炮二平六（红胜）

## 第14型

一步杀：

① 马六进八（红胜）

二步杀：

① 车三进五　象5退7

② 炮二平六（红胜）

三步杀：

① 车三进五　士5退6

② 车三平四　将4进1

③ 马六进八（红胜）

四步杀：

① 兵七进一　将4退1

② 兵七平六　将4平5

③ 兵六平五　将5平4

④ 马六进八（红胜）

五步杀：

① 车三平六　士5进4

② 兵七平六　将4退1

③ 兵六进一　将4平5

④ 兵六进一　将5进1

⑤ 车六进四（红胜）

## 第15型

一步杀：

① 马五进七（红胜）

二步杀：

① 马五进七　象1进3

② 马八进七（红胜）

三步杀：

① 马五进七　象1进3

② 车九平七　士6进5

③ 车七平六（红胜）

四步杀：

① 炮一平六　马8进6

② 马五进四　将4退1

③ 兵四平五　象1进3

④ 马四进六（红胜）

五步杀：

① 兵四进一　马8进7

② 马五进三　象5进7

③ 马八进六　象7退9

④ 马六进七　象1退3

⑤ 马七进八（红胜）

## 第16型

一步杀：

① 兵五平六（红胜）

二步杀：

① 兵四平五　炮5退5

② 兵五平六（红胜）

三步杀：

① 兵四平五　卒2平3

② 相五退七　炮5退4

③ 马五进七（红胜）

四步杀：

① 兵四平五　炮5退5

② 兵五平六　将4退1

③ 车四进五　炮5退1

④ 兵六进一（红胜）

五步杀：

① 马六进七　卒2平3

② 相五退七　士5退6

③ 兵五平六　将4退1

④ 兵六进一　将4平5

⑤ 兵四进一（红胜）

## 第17型

一步杀：

① 车七退一（红胜）

二步杀：

① 车七退一　将5退1

② 马二进三（红胜）

三步杀：

① 马二进四　炮 4 平 6

② 帅五平六　炮 6 进 6

③ 车七平六（红胜）

四步杀：

① 炮九进四　炮 4 平 2

② 车七退一　士 4 进 5

③ 兵五进一　士 6 进 5

④ 车七进一（红胜）

五步杀：

① 车七退一　象 7 进 9

② 马二进三　象 9 退 7

③ 帅五进一　象 7 进 9

④ 帅五平六　象 5 退 7

⑤ 车七平六（红胜）

## 第 18 型

一步杀：

① 帅五退一（红胜）

二步杀：

① 兵四进一　将 6 进 1

② 马三退四（红胜）

三步杀：

① 马五进三　象 5 退 7

② 炮五平四　象 7 进 9

③ 马三退四（红胜）

四步杀：

① 马五退三　将 6 退 1

② 炮五平四　士 5 退 6

③ 马三进二　将 6 进 1

④ 炮四进六（红胜）

五步杀：

① 马五退四　将 6 平 5

② 马四进六　将 5 平 6

③ 炮五平四　将 6 退 1

④ 马六进四　士 5 进 6

⑤ 马四进二（红胜）

## 第 19 型

一步杀：

① 炮九进七（红胜）

二步杀：

① 炮九进六　炮 4 进 1

② 炮九进一（红胜）

三步杀：

① 马八退七　将 4 退 1

② 兵五进一　炮 4 进 3

③ 马七进八（红胜）

四步杀：

① 炮九平五　象 7 退 5

② 炮五进五　炮 4 进 3

③ 马八退六　将 5 平 4

④ 炮五平六（红胜）

五步杀：

① 炮九平六　炮 4 进 5

② 帅六退一　象 7 退 9

③ 炮七平五　士 5 退 6

④ 马八退六　将 5 平 4

⑤ 炮五平六（红胜）

## 第 20 型

一步杀：

① 车六平五（红胜）

二步杀：

① 车六进二　象 5 进 7

② 车八平六（红胜）

三步杀：

① 车六进二　马 6 进 5

② 炮九进三　马 5 进 7

③ 车八退一（红胜）

四步杀：

① 车六平五　士 5 进 4

② 车五进一　炮 6 平 5

③ 车五进一　士 4 退 5

④ 马二进三（红胜）

五步杀：

① 车六平五　炮 9 进 1

② 兵三进一　卒 9 进 1

③ 车五进一　炮 9 退 1

④ 兵三进一　炮 9 进 2

⑤ 车五进一（红胜）

## 第 21 型

一步杀：

① 马六进七（红胜）

二步杀：

① 车五进三　马 4 进 2

② 马六进四（红胜）

三步杀：

① 兵七平六　炮 5 进 6

② 帅五平四　炮 5 平 1

③ 兵六进一（红胜）

四步杀：

① 兵六平五　士 6 进 5

② 马六进七　将 5 平 6

③ 车五平四　士 5 进 6

④ 车四进三（红胜）

五步杀：

① 兵六平五　士 4 进 5

② 车五进三　马 4 进 2

③ 炮七平六　马 2 进 3

④ 马六进四　将 5 平 4

⑤ 车五平六（红胜）

## 第 22 型

一步杀：

① 马八退六（红胜）

174

二步杀：

① 炮八平五　士5进6

② 马八退六（红胜）

三步杀：

① 炮八退四　象5退3

② 炮八平五　象3进5

③ 马八退六（红胜）

四步杀：

① 炮八进一　象5退3

② 仕五退四　象3进5

③ 马三退五　象5进7

④ 马五进六（红胜）

五步杀：

① 炮八进一　象5退3

② 仕五退四　象3退5

③ 兵三平四　象5进7

④ 兵四平五　将5平6

⑤ 马三进二（红胜）

## 第 23 型

一步杀：

① 车九退二（红胜）

二步杀：

① 车九平八　卒7平6

② 车八退二（红胜）

三步杀：

① 马二退三　象5退3

② 车九平七　卒7进1

③ 车七退二（红胜）

四步杀：

① 车九退一　将4退1

② 兵四平五　士6进5

③ 车九进三　象5退3

④ 车九平七（红胜）

五步杀：

① 车九退三　将4退1

② 车九平六　士5进4

③ 马一退三　卒3进1

④ 马三进四　将4退1

⑤ 车六进一（红胜）

## 第 24 型

一步杀：

① 车五平六（红胜）

二步杀：

① 车五平七　象3退5

② 车七退二（红胜）

三步杀：

① 车五平七　马3进2

② 车七退一　马2进1

③ 车七平六（红胜）

四步杀：

① 马三退五　炮7退1

② 车五平六　马3退4

③兵五平六　将4退1

④马五退七（红胜）

五步杀：

①炮五平六　马3进4

②车五平八　将4退1

③马三退五　士5退4

④马五进四　将4进1

⑤车八平六（红胜）

## 第 25 型

一步杀：

①车七进四（红胜）

二步杀：

①车七进四　将4退1

②车四进五（红胜）

三步杀：

①车七平八　象5退7

②车八进四　将4退1

③车四进五（红胜）

四步杀：

①车七平八　士6进5

②车八进五　象3退1

③炮三退三　象1退3

④炮三平六（红胜）

五步杀：

①车七平八　士4退5

②炮三退一　将4退1

③兵四平五　士6进5

④车八进五　象5退3

⑤车八平七（红胜）

## 第 26 型

一步杀：

①马五进四（红胜）

二步杀：

①马五进四　士5进6

②马四进二（红胜）

三步杀：

①仕四退五　士6退5

②马五进四　将6进1

③仕五进四（红胜）

四步杀：

①炮二平四　士5进6

②仕四退五　士6退5

③马五进四　士5进6

④马四进二（红胜）

五步杀：

①马五进四　士5进6

②马四进二　将6平5

③马二进一　象7退9

④兵七平六　将5退1

⑤马一退三（红胜）

## 第 27 型

一步杀：

① 马四进三（红胜）

二步杀：

① 马四进二　将 6 平 5

② 马二进三（红胜）

三步杀：

① 车六退一　将 6 退 1

② 马四进二　将 6 平 5

③ 马二进三（红胜）

四步杀：

① 帅四平五　将 5 平 6

② 炮九平五　士 5 退 4

③ 炮五平四　士 4 进 5

④ 马四进六（红胜）

五步杀：

① 马二进三　士 5 进 4

② 炮五平四　士 6 退 5

③ 兵五平四　士 5 进 6

④ 兵四进一　炮 4 平 6

⑤ 炮二进五（红胜）

## 第 28 型

一步杀：

① 车九平四（红胜）

二步杀：

① 马七退五　将 6 退 1

② 兵二平三（红胜）

三步杀：

① 炮八进八　士 5 进 4

② 车九进三　象 5 退 7

③ 车九平四（红胜）

四步杀：

① 车九进三　将 6 退 1

② 炮八进八　将 6 退 1

③ 马七进五　将 6 平 5

④ 炮八进一（红胜）

五步杀：

① 马七退五　将 6 退 1

② 车九进五　象 3 进 1

③ 车九平四　士 5 进 6

④ 马五进三　将 6 退 1

⑤ 车四进一（红胜）

## 第 29 型

一步杀：

① 车七平六（红胜）

二步杀：

① 车七平六　象 7 进 9

② 马三退一（红胜）

三步杀：

① 兵六平五　马 5 退 3

② 车七平六　马 3 退 5

③ 车六平五（红胜）

四步杀：

① 前炮平八　马5进6

② 车七平六　象7进9

③ 车六平五　将6进1

④ 马三退一（红胜）

五步杀：

① 车七平六　马5退4

② 前炮平一　士6退5

③ 兵六平五　马4进5

④ 炮一退五　炮5平1

⑤ 炮一平四（红胜）

## 第 30 型

一步杀：

① 马六退五（红胜）

二步杀：

① 车八平七　象5进7

② 马六退五（红胜）

三步杀：

① 兵六平五　将6退1

② 车八平七　象5退3

③ 兵五进一（红胜）

四步杀：

① 兵六平五　将6退1

② 车八平七　象5退3

③ 兵五进一　将6进1

④ 马七进五（红胜）

五步杀：

① 车一进三　将6进1

② 兵三进一　象5进7

③ 兵三进一　将6进1

④ 车一退二　象7退9

⑤ 炮七退一（红胜）

## 第 31 型

一步杀：

① 炮三进二（红胜）

二步杀：

① 车一平三　象1进3

② 车三进一（红胜）

三步杀：

① 炮二平六　车8退4

② 车一平二　象1退3

③ 车二平五（红胜）

四步杀：

① 兵六进一　车8平4

② 车六进二　士6退5

③ 车一平五　士4进5

④ 兵六平五（红胜）

五步杀：

① 炮三平七　象3退1

② 车六平五　将5平6

③ 兵六进一　士6退5

④ 车五平四　士5进6

178

⑤ 车四进一（红胜）

## 第 32 型

一步杀：

① 车四进二（红胜）

二步杀：

① 车四平五　将 5 平 4

② 车五进二（红胜）

三步杀：

① 马八进七　将 5 平 4

② 兵四平五　象 5 退 3

③ 车四进三（红胜）

四步杀：

① 兵七平六　象 5 进 3

② 车四平八　象 3 退 5

③ 车八进三　士 5 退 4

④ 车八平六（红胜）

五步杀：

① 炮八平五　炮 3 平 2

② 兵七进一　炮 2 进 9

③ 仕六进五　炮 2 平 1

④ 兵四进一　炮 4 平 6

⑤ 车四进三（红胜）

## 第 33 型

一步杀：

① 车四进一（红胜）

二步杀：

① 兵六平五　士 6 退 5

② 车四进一（红胜）

三步杀：

① 马五进七　马 3 进 2

② 兵六平五　士 6 退 5

③ 车四平五（红胜）

四步杀：

① 炮五平二　炮 3 进 7

② 帅四进一　炮 3 退 1

③ 帅四进一　炮 3 平 1

④ 炮二进三（红胜）

五步杀：

① 马五进六　炮 1 进 8

② 仕六进五　马 3 进 4

③ 兵六平五　将 5 平 4

④ 车四进一　马 4 退 5

⑤ 车四平五（红胜）

## 第 34 型

一步杀：

① 车四平六（红胜）

二步杀：

① 车四平五　士 5 退 6

② 车五平六（红胜）

三步杀：

① 马五进七　象 1 退 3

② 车四平八　象 5 进 7

③ 车八进二（红胜）

四步杀：

① 帅六退一　象 3 退 1

② 车四平五　将 4 退 1

③ 兵四平五　象 1 退 3

④ 车五平六（红胜）

五步杀：

① 车四平二　士 5 退 6

② 马二进四　将 4 退 1

③ 兵四平五　象 3 退 1

④ 马四退五　象 1 退 3

⑤ 车二进二（红胜）

## 第 35 型

一步杀：

① 兵六进一（红胜）

二步杀：

① 兵六平五　将 5 平 6

② 炮八进一（红胜）

三步杀：

① 炮八进一　炮 4 进 7

② 兵六平五　马 7 退 5

③ 车七平五（红胜）

四步杀：

① 炮八进一　马 7 进 6

② 兵六平五　将 5 平 6

③ 兵五平四　将 6 平 5

④ 车七平五（红胜）

五步杀：

① 炮一平七　将 5 平 6

② 兵六平五　炮 2 进 7

③ 车七平五　炮 2 平 1

④ 车五平四　炮 8 平 6

⑤ 车四进一（红胜）

## 第 36 型

一步杀：

① 兵三平四（红胜）

二步杀：

① 车四平五　象 5 退 7

② 车五平一（红胜）

三步杀：

① 车四平五　象 5 退 3

② 兵三平四　马 4 退 5

③ 兵四平五（红胜）

四步杀：

① 马三退四　将 4 进 1

② 帅五平六　象 3 进 1

③ 马四进二　象 1 退 3

④ 马二进四（红胜）

五步杀：

① 兵三平四　将 4 进 1

② 马五进六　马 4 进 2

③ 车四平五　将4进1

④ 马六进八　炮6进7

⑤ 车五平六（红胜）

## 第 37 型

一步杀：

① 车九平六（红胜）

二步杀：

① 炮一进一　象5退3

② 炮二进一（红胜）

三步杀：

① 车二平四　炮6退1

② 炮二进一　炮6进1

③ 炮一进一（红胜）

四步杀：

① 炮二进一　炮6平7

② 车二平四　士5进6

③ 车四进一　将6平5

④ 马二进三（红胜）

五步杀：

① 炮一进一　炮6平7

② 车二平四　炮7平6

③ 车四进一　士5进6

④ 炮五平三　象5进7

⑤ 炮三进三（红胜）

## 第 38 型

一步杀：

① 车一退一（红胜）

二步杀：

① 车一退三　士5退4

② 车一平四（红胜）

三步杀：

① 车一退一　将6进1

② 马六退八　象5退7

③ 马八退六（红胜）

四步杀：

① 车一退一　将6进1

② 炮七退一　象5进3

③ 车一退二　将6退1

④ 车一平四（红胜）

五步杀：

① 马八退七　象5进3

② 马七进五　炮4平5

③ 帅五平六　炮5进1

④ 马五进三　将6进1

⑤ 车一退二（红胜）

## 第 39 型

一步杀：

① 兵四进一（红胜）

二步杀：

① 兵四进一　象5退7

② 兵四平三（红胜）

三步杀：

① 兵七平六　将4平5

② 兵四进一　马7退6

③ 帅五进一（红胜）

四步杀：

① 兵三进一　马7退8

② 兵三平二　象5退3

③ 兵四平五　象3进5

④ 兵七平六（红胜）

五步杀：

① 炮六进三　马5退6

② 兵七进一　象5退3

③ 马八进六　马6退4

④ 兵四平五　将5平4

⑤ 兵五平六（红胜）

## 第 40 型

一步杀：

① 炮九平六（红胜）

二步杀：

① 后炮平八　象3退5

② 炮八进三（红胜）

三步杀：

① 马九进七　卒5进1

② 后炮平五　象3退5

③ 马七进六（红胜）

四步杀：

① 马五进三　将6平5

② 前炮进一　象1退3

③ 后炮平八　象3退5

④ 炮八平五（红胜）

五步杀：

① 后炮平八　将6平5

② 炮八进三　将5退1

③ 兵六进一　卒5进1

④ 炮九进一　卒5进1

⑤ 炮八进一（红胜）

## 第 41 型

一步杀：

① 马七进六（红胜）

二步杀：

① 兵三平四　将6退1

② 马七进六（红胜）

三步杀：

① 兵四进一　将6平5

② 兵四进一　将5平4

③ 马七进八（红胜）

四步杀：

① 炮九退二　象5退7

② 炮九平五　象7进5

③ 兵四进一　将6平5

④ 兵四进一（红胜）

五步杀：

① 兵四进一　马8退6

② 相五进七　马6进5

③ 炮四平五　象3进1

④ 后炮进六　象7进5

⑤ 后炮进四（红胜）

## 第 42 型

一步杀：

① 马七进八（红胜）

二步杀：

① 兵四平五　将4进1

② 炮八退二（红胜）

三步杀：

① 车四平七　炮4进2

② 炮九退一　将4进1

③ 车七进三（红胜）

四步杀：

① 炮一平六　士5进4

② 兵六平七　士4退5

③ 炮九退六　炮6进7

④ 炮九平六（红胜）

五步杀：

① 马五退七　将4退1

② 马七进八　将4进1

③ 马八进七　将4退1

④ 马七退八　将4进1

⑤ 炮九退二（红胜）

## 第 43 型

一步杀：

① 兵六进一（红胜）

二步杀：

① 炮八平六　士5进4

② 兵六进一（红胜）

三步杀：

① 炮八平六　士5进4

② 帅六平五　士6退5

③ 兵六平五（红胜）

四步杀：

① 炮六进二　士5进6

② 兵六进一　将4进1

③ 马三退四　将4退1

④ 马四退六（红胜）

五步杀：

① 炮六进一　炮1退1

② 炮六进一　炮1退1

③ 兵六进一　将4进1

④ 马三退四　将4退1

⑤ 马四退六（红胜）

## 第 44 型

一步杀：

① 车六进一（红胜）

二步杀：

① 车六进一　士 5 进 4

② 兵四平五（红胜）

三步杀：

① 兵七进一　将 4 平 5

② 车三进三　炮 6 退 2

③ 帅五进一（红胜）

四步杀：

① 兵七平八　将 4 进 1

② 车六平八　炮 4 进 7

③ 兵八平七　将 4 退 1

④ 车八进三（红胜）

五步杀：

① 兵七平六　将 4 平 5

② 车八进二　象 7 进 9

③ 车八平六　炮 6 进 7

④ 兵六平五　将 5 平 6

⑤ 车六进二（红胜）

## 第 45 型

一步杀：

① 炮三进三（红胜）

二步杀：

① 兵七平六　士 5 退 4

② 马八退六（红胜）

三步杀：

① 炮一进三　马 6 退 7

② 兵五进一　炮 4 进 6

③ 兵七进一（红胜）

四步杀：

① 炮二进五　炮 4 平 5

② 帅五平四　炮 5 进 3

③ 兵六平五　马 3 退 5

④ 兵四进一（红胜）

五步杀：

① 炮八平三　炮 4 平 5

② 炮三进二　炮 5 退 2

③ 炮三平七　炮 5 进 7

④ 炮七平五　士 5 退 4

⑤ 兵六进一（红胜）

## 第 46 型

一步杀：

① 马七退六（红胜）

二步杀：

① 马七退六　士 5 进 4

② 马六进四（红胜）

三步杀：

① 炮六退一　将 4 进 1

② 马七退六　士 5 进 4

③ 马六进四（红胜）

四步杀：

① 兵四平五　象 1 进 3

② 炮六进六　马 5 进 6

③马六进八　马6进5

④马八进六（红胜）

五步杀：

①兵七平六　炮5进1

②马六进七　炮5退1

③马七进五　马7进5

④帅五平四　炮5平2

⑤兵六进一（红胜）

## 第47型

一步杀：

①马八进七（红胜）

二步杀：

①马八进七　士5退4

②马七退六（红胜）

三步杀：

①炮四平七　车6进1

②仕五退四　卒3进1

③炮七进三（红胜）

四步杀：

①兵六进一　将5平4

②后炮平八　车7平5

③帅六平五　马6进5

④炮八进三（红胜）

五步杀：

①前炮平八　将5平6

②炮九进二　车7平5

③车六进一　马6退5

④车六平五　将6平5

⑤炮九进一（红胜）

## 第48型

一步杀：

①炮三平四（红胜）

二步杀：

①炮二退一　车5平1

②炮二平四（红胜）

三步杀：

①炮二平四　炮5平6

②兵四进一　将6平5

③马六进七（红胜）

四步杀：

①马三进二　将6平5

②后马进三　将5平6

③马三退五　将6平5

④马五进七（红胜）

五步杀：

①马一退三　将6进1

②兵四进一　将6平5

③兵四平五　将5平4

④兵五平六　将4退1

⑤炮二平六（红胜）

## 第49型

一步杀：

① 车八进二（红胜）

二步杀：

① 炮九平五　象3进1

② 马七进九（红胜）

三步杀：

① 炮九进五　象3进1

② 车八进二　象5退3

③ 车八平七（红胜）

四步杀：

① 马五退四　象1退3

② 炮九平四　象3进1

③ 马四进二　象1退3

④ 马二进四（红胜）

五步杀：

① 马七进五　象3进1

② 马五进七　象1进3

③ 马七退六　象3退1

④ 马六进四　将5平6

⑤ 炮九平四（红胜）

## 第50型

一步杀：

① 马五进三（红胜）

二步杀：

① 马五进三　炮6退4

② 帅四平五（红胜）

三步杀：

① 马五进三　士5退6

② 帅六进一　士4进5

③ 帅六平五（红胜）

四步杀：

① 炮五进二　士5进6

② 马五进七　炮6平7

③ 兵六平五　将5平6

④ 兵二平三（红胜）

五步杀：

① 炮九进四　炮4平2

② 马八退七　炮2退2

③ 马七进八　士5退6

④ 兵六进一　将5进1

⑤ 马八退七（红胜）

## 第51型

一步杀：

① 车八平六（红胜）

二步杀：

① 马一退二　士5退6

② 马三退二（红胜）

三步杀：

① 车八退三　士5退6

② 车八平四　士4退5

③ 马四进三（红胜）

四步杀：

① 车六平五　士4退5

② 兵五进一　将6进1

③ 炮二退五　炮7进1

④ 炮二平四（红胜）

五步杀：

① 马三退一　士5退6

② 马一退三　士4退5

③ 帅六平五　士5退4

④ 马三进二　将6退1

⑤ 炮一退一（红胜）

## 第52型

一步杀：

① 车六平四（红胜）

二步杀：

① 马四进二　将6退1

② 兵六进一（红胜）

三步杀：

① 马四进二　将6退1

② 车七进二　士5退4

③ 车七平六（红胜）

四步杀：

① 兵六平五　士4退5

② 马三退二　将6退1

③ 车七进二　士5退4

④ 车七平六（红胜）

五步杀：

① 兵六平五　将6退1

② 马四进六　卒5进1

③ 帅六平五　象7退9

④ 炮八进一　象5退7

⑤ 马六进五（红胜）

## 第53型

一步杀：

① 马五退四（红胜）

二步杀：

① 车二退二　将6退1

② 炮五平四（红胜）

三步杀：

① 马五退四　士5进6

② 车二平五　车2进9

③ 马四进三（红胜）

四步杀：

① 兵五平四　士5进6

② 车二平五　车1进9

③ 兵四进一　将6进1

④ 车五平四（红胜）

五步杀：

① 炮五退二　车2进8

② 仕四进五　车2平5

③ 仕六进五　士5进4

④ 车二平五　马5进4

⑤ 炮五平四（红胜）

## 第54型

一步杀：

① 帅五进一（红胜）

二步杀：

① 车六平八　象1退3

② 车八进二（红胜）

三步杀：

① 车四进二　马6进8

② 帅五平四　马8进6

③ 车四退一（红胜）

四步杀：

① 兵四进一　象1退3

② 兵四进一　象3进1

③ 兵四进一　象1退3

④ 兵四进一（红胜）

五步杀：

① 炮五退五　车5进4

② 兵六进一　车5进1

③ 兵六进一　车5退5

④ 帅五平六　车5进6

⑤ 兵六进一（红胜）

## 第55型

一步杀：

① 马六进七（红胜）

二步杀：

① 马六进四　士5进6

② 车六进五（红胜）

三步杀：

① 车六平七　车3退3

② 相五进七　炮6平7

③ 马六进七（红胜）

四步杀：

① 马六进五　车3进1

② 相五退七　士4进5

③ 炮八进三　士5退4

④ 车六进五（红胜）

五步杀：

① 车八平五　士4进5

② 马六进四　炮1平6

③ 炮八进三　士5退4

④ 车六进五　将5进1

⑤ 车六退一（红胜）

## 第56型

一步杀：

① 车三平五（红胜）

二步杀：

① 车五平四　士5进6

② 车四进一（红胜）

三步杀：

① 马三进二　将6平5

② 车三进五　士5退6

③ 车三平四（红胜）

四步杀：

① 兵六平五　车2退6

② 车七进四　车2平4

③ 车七平六　车4退2

④ 马五进四（红胜）

五步杀：

① 车三进一　象9退7

② 马三进二　将6平5

③ 炮一平五　象7进5

④ 马二退四　将5平6

⑤ 炮五平四（红胜）

## 第 57 型

一步杀：

① 马六进八（红胜）

二步杀：

① 炮一进一　士5进6

② 车五进三（红胜）

三步杀：

① 车五进三　将4平5

② 车二退一　士5进6

③ 车二平四（红胜）

四步杀：

① 车五进三　将4退1

② 兵八平七　将4退1

③ 兵七进一　将4进1

④ 车五进一（红胜）

五步杀：

① 炮一进一　象5进7

② 马六进四　象7退9

③ 马四退五　将4平5

④ 马五进七　将5平6

⑤ 车五平四（红胜）

## 第 58 型

一步杀：

① 炮二进三（红胜）

二步杀：

① 兵六进一　将4平5

② 兵六进一（红胜）

三步杀：

① 兵五进一　象7进5

② 炮三平六　将4平5

③ 兵六进一（红胜）

四步杀：

① 炮三平六　将4平5

② 兵六进一　象7进9

③ 炮六平二　象9退7

④ 炮二进三（红胜）

五步杀：

① 帅五平六　马1进3

② 兵六进一　马3退4

③炮三进二　士6进5

④炮五平二　炮9平6

⑤炮二进七（红胜）

## 第59型

一步杀：

①马八进七（红胜）

二步杀：

①车四进二　车8平7

②马八进七（红胜）

三步杀：

①车八平六　炮1进1

②仕五退六　车8平7

③车六进一（红胜）

四步杀：

①马三进一　炮1进1

②仕五退六　马7进6

③车四进二　车8平7

④马八退六（红胜）

五步杀：

①车四平六　将5平6

②炮五进六　炮9平7

③车六进四　将6进1

④车六平四　将6平5

⑤车八进八（红胜）

## 第60型

一步杀：

①车二平四（红胜）

二步杀：

①车二进一　车7退3

②车二平三（红胜）

三步杀：

①车二平四　士5进6

②车四进一　将6平5

③马八进七（红胜）

四步杀：

①炮八进五　象3进1

②马七进五　车3平5

③车二进一　车7退3

④车二平三（红胜）

五步杀：

①马七进五　车7平8

②马五退三　车8退3

③车二退一　将6退1

④车二进一　象5退7

⑤车二平三（红胜）

## 第61型

一步杀：

①兵三平四（红胜）

二步杀：

①车三进二　将6进1

② 兵二平三（红胜）

三步杀：

① 兵二平三　将6进1

② 车三进一　将6进1

③ 炮五平九（红胜）

四步杀：

① 炮九进五　马2退3

② 炮七平一　士5退4

③ 车五进一　卒4平5

④ 炮一进二（红胜）

五步杀：

① 炮九进五　马2退3

② 炮七平一　将6平5

③ 马六退七　马3进5

④ 兵五进一　将5平6

⑤ 炮一进二（红胜）

## 第 62 型

一步杀：

① 马八退七（红胜）

二步杀：

① 马八进六　将6退1

② 兵二平三（红胜）

三步杀：

① 车七退一　车2退7

② 马一进三　将6平5

③ 车七平五（红胜）

四步杀：

① 兵六平五　将5平4

② 车七退一　将4退1

③ 兵五进一　车2进2

④ 车七进一（红胜）

五步杀：

① 炮九进六　卒5平6

② 帅四平五　卒6进1

③ 帅五平四　炮4平1

④ 马八进六　将6退1

⑤ 兵二平三（红胜）

## 第 63 型

一步杀：

① 兵五进一（红胜）

二步杀：

① 马七退六　士5进4

② 炮八进五（红胜）

三步杀：

① 车二进一　炮6退5

② 炮八平五　车4平3

③ 车二平四（红胜）

四步杀：

① 前炮平八　卒5平6

② 帅四平五　炮6平1

③ 马七退六　车4进1

④ 炮九进四（红胜）

五步杀：

① 马七退六　士 5 进 4

② 炮八平五　象 7 进 5

③ 兵五进一　士 4 退 5

④ 车二平五　将 5 平 6

⑤ 兵二平三（红胜）

## 第 64 型

一步杀：

① 车七进二（红胜）

二步杀：

① 车八进七　将 5 进 1

② 车七进一（红胜）

三步杀：

① 兵六进一　将 5 进 1

② 车八进五　将 5 进 1

③ 车七进五（红胜）

四步杀：

① 车七进六　将 5 进 1

② 兵三平四　将 5 平 4

③ 车六进五　将 4 进 1

④ 车七平六（红胜）

五步杀：

① 车六进七　将 5 平 4

② 车七进二　将 4 进 1

③ 马七进八　将 4 平 5

④ 车七退一　将 5 退 1

⑤ 马八进七（红胜）

## 第 65 型

一步杀：

① 炮三进五（红胜）

二步杀：

① 马五进三　将 5 平 4

② 车八进五（红胜）

三步杀：

① 兵七平六　车 5 进 1

② 车八进五　士 5 退 4

③ 车八平六（红胜）

四步杀：

① 炮七平九　将 4 进 1

② 马七进八　将 4 进 1

③ 车三进一　士 5 进 6

④ 车三平四（红胜）

五步杀：

① 车六进九　将 5 平 4

② 炮七进一　将 4 进 1

③ 车三进二　将 4 进 1

④ 兵五平六　将 4 平 5

⑤ 马七进六（红胜）

## 第 66 型

一步杀：

① 兵四进一（红胜）

二步杀：

① 炮五进七　士 5 进 6

② 车六平五（红胜）

三步杀：

① 兵三平四　车 3 进 6

② 车六进一　炮 8 平 4

③ 兵四平五（红胜）

四步杀：

① 兵四平五　士 4 进 5

② 马四进三　将 5 平 6

③ 车五平四　士 5 进 6

④ 车四进一（红胜）

五步杀：

① 车四进一　将 4 进 1

② 车四平六　将 4 退 1

③ 马三进四　将 4 平 5

④ 马四退六　将 5 平 4

⑤ 炮三平六（红胜）

## 第 67 型

一步杀：

① 炮三进四（红胜）

二步杀：

① 炮三进五　士 6 进 5

② 车四进一（红胜）

三步杀：

① 前炮进五　象 5 退 7

② 炮三进六　将 4 进 1

③ 兵七进一（红胜）

四步杀：

① 车四进一　将 4 进 1

② 马九进八　将 4 平 5

③ 马八退七　将 5 平 4

④ 车四平六（红胜）

五步杀：

① 车四进一　将 4 进 1

② 车四平六　将 4 退 1

③ 马三进四　将 4 平 5

④ 马四退六　将 5 平 4

⑤ 炮三平六（红胜）

## 第 68 型

一步杀：

① 车八平五（红胜）

二步杀：

① 马六退四　将 5 平 4

② 车八平六（红胜）

三步杀：

① 车八进一　士 4 退 5

② 马六进七　将 5 平 4

③ 车八退一（红胜）

四步杀：

① 车八退六　士 4 退 5

② 车八平五　将 5 平 4

③马七进八　后炮平3

④马六进八（红胜）

五步杀：

①马六进四　炮4退6

②车八进四　将5退1

③马四退六　将5退1

④马六进四　将5进1

⑤车八进一（红胜）

## 第69型

一步杀：

①马七进六（红胜）

二步杀：

①兵三平四　将6退1

②马三进二（红胜）

三步杀：

①车七进一　士6退5

②车七平五　将6退1

③后车平四（红胜）

四步杀：

①车七退一　将6退1

②车七平四　将6进1

③马七进六　将6退1

④炮九进一（红胜）

五步杀：

①车六平四　将6平5

②马四进六　将5平4

③车七退一　将4退1

④车四平六　将4平5

⑤马六进四（红胜）

## 第70型

一步杀：

①前车进一（红胜）

二步杀：

①马六进七　将5退1

②前车进一（红胜）

三步杀：

①前车进一　将5进1

②马四退六　将5进1

③前车退二（红胜）

四步杀：

①前车进一　将5进1

②前兵平六　将5进1

③前炮平五　将5平4

④兵七平六（红胜）

五步杀：

①前车进一　将5进1

②马四退六　将5平4

③前兵平七　将4进1

④车三退二　象3进5

⑤炮四平六（红胜）

194

## 第71型

一步杀：

① 马七进五（红胜）

二步杀：

① 车六平五　将6平5

② 马四进六（红胜）

三步杀：

① 车六平五　将6平5

② 马六进七　将5平6

③ 马七退五（红胜）

四步杀：

① 炮五进六　将6进1

② 兵四进一　将6平5

③ 兵四平五　将5平6

④ 车五平四（红胜）

五步杀：

① 车六平五　将6平5

② 马四进六　将5退1

③ 马六退五　象7进5

④ 马五进三　象5退7

⑤ 炮八平五（红胜）

## 第72型

一步杀：

① 车一平三（红胜）

二步杀：

① 炮八进四　象3进1

② 兵七进一（红胜）

三步杀：

① 马五进三　将5平4

② 炮八平六　马4退5

③ 兵七平六（红胜）

四步杀：

① 兵四进一　将5平4

② 兵四平三　将4进1

③ 车一平五　将4进1

④ 马三进四（红胜）

五步杀：

① 车二平三　士5退6

② 炮九平五　马4进5

③ 马五进七　将5平4

④ 车三平四　将4进1

⑤ 车四平六（红胜）

## 第73型

一步杀：

① 炮三进一（红胜）

二步杀：

① 炮三进一　将4进1

② 马七进八（红胜）

三步杀：

① 兵三平四　将4进1

② 车八进三　将4进1

③ 马九进八（红胜）

四步杀：

① 车五平六　士 5 进 4

② 车六进一　将 4 平 5

③ 车六平五　将 5 平 6

④ 车四进一（红胜）

五步杀：

① 兵六进一　将 4 平 5

② 炮三进一　士 6 进 5

③ 兵六平五　将 5 平 4

④ 兵四进一　象 5 退 7

⑤ 兵四平五（红胜）

## 第 74 型

一步杀：

① 炮九平六（红胜）

二步杀：

① 车七平六　将 4 平 5

② 马四进三（红胜）

三步杀：

① 车七进一　象 5 退 3

② 炮九平六　将 4 平 5

③ 马四进六（红胜）

四步杀：

① 炮八进一　象 3 进 1

② 车六退五　马 3 进 4

③ 兵四平五　炮 2 平 1

④ 车六进六（红胜）

五步杀：

① 兵七平六　将 4 平 5

② 马四进三　炮 6 进 1

③ 炮一进一　士 5 退 6

④ 兵三平四　将 5 平 6

⑤ 车二进五（红胜）

## 第 75 型

一步杀：

① 炮三进六（红胜）

二步杀：

① 马六进四　炮 6 退 7

② 兵六平五（红胜）

三步杀：

① 兵六进一　士 5 退 4

② 马九退七　将 5 进 1

③ 车二进一（红胜）

四步杀：

① 炮二平六　马 6 进 4

② 马六进七　马 4 进 3

③ 兵五进一　将 4 进 1

④ 马七退六（红胜）

五步杀：

① 车二平五　象 3 退 5

② 炮三平五　象 5 退 3

③ 马一进三　将 5 进 1

④ 马四进六　将 5 平 6

⑤ 炮五进五（红胜）

## 第 76 型

一步杀：

① 马五进四（红胜）

二步杀：

① 马五进四　炮 9 平 6

② 炮一进七（红胜）

三步杀：

① 马五进四　炮 7 平 6

② 兵二平三　将 6 平 5

③ 炮二进五（红胜）

四步杀：

① 炮一平四　将 6 平 5

② 马五进四　炮 7 平 6

③ 前炮进四　炮 8 平 5

④ 前炮进一（红胜）

五步杀：

① 炮一进七　象 5 退 7

② 兵六平五　炮 8 进 2

③ 马四进五　车 4 平 5

④ 帅五进一　车 6 进 1

⑤ 兵二平三（红胜）

## 第 77 型

一步杀：

① 兵六平五（红胜）

二步杀：

① 炮七平四　马 6 退 7

② 炮五平四（红胜）

三步杀：

① 炮八平一　卒 5 进 1

② 仕六退五　马 6 进 5

③ 炮一进五（红胜）

四步杀：

① 炮八平一　马 5 退 7

② 炮六平四　象 5 进 3

③ 炮四退五　马 7 进 8

④ 炮一平四（红胜）

五步杀：

① 炮七平四　士 5 进 6

② 炮五进五　卒 5 进 1

③ 仕六退五　象 3 退 5

④ 炮五平一　象 7 退 9

⑤ 炮一退一（红胜）

## 第 78 型

一步杀：

① 车三进四（红胜）

二步杀：

① 车三进四　将 5 退 1

② 马四进六（红胜）

三步杀：

① 车三进四　将 5 退 1

②车八进六　象5退3

③车八平七（红胜）

四步杀：

①车三进六　将6进1

②前马进二　将6平5

③车三退一　将5退1

④马二进三（红胜）

五步杀：

①车二进五　将5退1

②炮一进二　象5退7

③车三平五　象3退5

④车五进三　士6退5

⑤车五进一（红胜）

## 第79型

一步杀：

①车六进五（红胜）

二步杀：

①前车进五　将5进1

②马四退六（红胜）

三步杀：

①车六平五　将5平4

②车六进六　将4进1

③车五平六（红胜）

四步杀：

①车六平五　将5平4

②马四进五　将4退1

③马三进四　士6退5

④车六进六（红胜）

五步杀：

①车六平五　象3进5

②车五进四　将5平4

③炮八平六　士4退5

④车五平六　将4进1

⑤马四进六（红胜）

## 第80型

一步杀：

①车八进四（红胜）

二步杀：

①车八进四　将4进1

②马三退五（红胜）

三步杀：

①马五进七　将4退1

②车八进五　象5退3

③车八平七（红胜）

四步杀：

①马五进七　将4退1

②炮三进六　象5退7

③车八进五　象1退3

④车八平七（红胜）

五步杀：

①车八进四　将4退1

②马三进五　士6进5

③车八进一　将4进1

④马五退七　将4进1

⑤车八退二（红胜）

## 第81型

一步杀：

①马五进三（红胜）

二步杀：

①马三进二　将6平5

②马八进七（红胜）

三步杀：

①车五平二　炮5平8

②马五进三　炮8平7

③车二进六（红胜）

四步杀：

①炮九进八　将6进1

②马五进三　炮5平7

③车五平二　马2退3

④车二进六（红胜）

五步杀：

①炮一平四　车7平6

②兵二平三　车6进3

③帅四进一　炮3退1

④帅四退一　炮5进5

⑤兵四进一（红胜）

## 第82型

一步杀：

①炮一平四（红胜）

二步杀：

①马七进五　将6平5

②马五进三（红胜）

三步杀：

①兵三进一　将6进1

②马七进六　炮5退2

③炮一平四（红胜）

四步杀：

①炮九进八　将6进1

②马五进三　炮5平7

③车五平二　马2退3

④车二进六（红胜）

五步杀：

①炮一平四　车7平6

②兵二平三　车6进3

③帅四进一　炮3退1

④帅四退一　马2退3

⑤兵四进一（红胜）

## 第83型

一步杀：

①车八平四（红胜）

二步杀：

①炮八平四　卒5平6

199

② 马四进三（红胜）

三步杀：

① 马四进三　将6退1

② 车七平四　炮5平6

③ 车四进四（红胜）

四步杀：

① 马五进三　将6退1

② 车八退二　卒6平5

③ 车八平四　炮5平6

④ 车四进一（红胜）

五步杀：

① 马七进六　炮5退1

② 炮八进七　象7进5

③ 马六退五　将6退1

④ 马五进三　将6退1

⑤ 炮九进一（红胜）

## 第84型

一步杀：

① 车七进三（红胜）

二步杀：

① 马七进八　炮4退2

② 马八退六（红胜）

三步杀：

① 马四进三　将5平6

② 车五平四　士5进6

③ 车四进一（红胜）

四步杀：

① 车七进三　士5退4

② 车五进一　将5平6

③ 车五平四　将6平5

④ 车七退一（红胜）

五步杀：

① 车九进二　炮4退2

② 马五进四　将5平6

③ 车九平六　将6进1

④ 炮五平四　士5进6

⑤ 马四进二（红胜）

## 第85型

一步杀：

① 炮九进三（红胜）

二步杀：

① 车七平四　士5进6

② 车四进一（红胜）

三步杀：

① 马三进二　将6平5

② 炮九平五　马7进5

③ 后马进四（红胜）

四步杀：

① 炮九平四　将6平5

② 炮四退四　卒6平5

③ 马二进三　将5平6

④ 炮三平四（红胜）

五步杀：

① 马三进二　将6平5

② 前马退四　将5进1

③ 兵七平六　将5平4

④ 车八进五　将4进1

⑤ 马四退五（红胜）


## 第86型

一步杀：

① 兵六进一（红胜）

二步杀：

① 前兵平五　将5平4

② 炮八平六（红胜）

三步杀：

① 兵六进一　将5平4

② 兵七平六　士5进4

③ 兵六进一（红胜）

四步杀：

① 炮七平八　将5平4

② 炮八进六　将4退1

③ 马三进四　士4退5

④ 车七平六（红胜）

五步杀：

① 炮六平三　士5进4

② 兵三平四　炮6平9

③ 兵六平五　将5平4

④ 兵五进一　将4进1

⑤ 前炮进二（红胜）


## 第87型

一步杀：

① 马六进五（红胜）

二步杀：

① 马六退四　将4平5

② 马四进三（红胜）

三步杀：

① 马六进七　士5进4

② 车六进四　将4平5

③ 兵四进一（红胜）

四步杀：

① 马六进四　马4进2

② 炮六退三　马2进4

③ 车六进一　士5进4

④ 车六进二（红胜）

五步杀：

① 马六进七　车1平4

② 车六进三　将4平5

③ 马七退六　将5平4

④ 马六进八　将4平5

⑤ 车六进三（红胜）


## 第88型

一步杀：

① 兵六平五（红胜）

201

二步杀：

① 马四进五　马7进6

② 车六平四（红胜）

三步杀：

① 炮八退八　马8进7

② 马五退四　士5进6

③ 马四进三（红胜）

四步杀：

① 马三退五　将6进1

② 马四进六　马7进6

③ 马五退四　将6退1

④ 马四进三（红胜）

五步杀：

① 马三退五　车2进2

② 车六进一　将6进1

③ 马四进六　马7进6

④ 马五退三　将6进1

⑤ 马六退五（红胜）

## 第89型

一步杀：

① 马八进六（红胜）

二步杀：

① 马八进六　将5平4

② 炮五平六（红胜）

三步杀：

① 马八进六　车7平4

② 兵六平五　将5平4

③ 马六进八（红胜）

四步杀：

① 兵六平五　将5平4

② 马八进六　车7平2

③ 炮五平六　车2平4

④ 马六进八（红胜）

五步杀：

① 车五平六　车7平4

② 车六退二　马7退5

③ 马八进六　将5平4

④ 马六进八　将4平5

⑤ 车六进五（红胜）

## 第90型

一步杀：

① 车八进一（红胜）

二步杀：

① 车五进一　马4进5

② 车五退二（红胜）

三步杀：

① 炮一进二　马4退5

② 车五进一　炮3平1

③ 车五平六（红胜）

四步杀：

① 炮五平六　炮8平4

② 车五进一　炮4进1

③ 兵七平六　士5进4

④ 车五平六（红胜）

五步杀：

① 马四退五　将4平5

② 车八平六　炮4平5

③ 帅五平六　炮5平4

④ 车六平五　将5平6

⑤ 马五进三（红胜）

## 第91型

一步杀：

① 帅五平六（红胜）

二步杀：

① 马二进三　炮6退1

② 炮五进五（红胜）

三步杀：

① 车四进四　炮2平6

② 马八进七　将5平4

③ 炮五平六（红胜）

四步杀：

① 前兵平四　炮2平4

② 马八进六　炮6平4

③ 车六进四　车2平9

④ 炮五进五（红胜）

五步杀：

① 马六进五　炮3平4

② 马五退六　车7平5

③ 后炮进三　象7进5

④ 马六进五　马7进5

⑤ 后炮进三（红胜）

## 第92型

一步杀：

① 车六进五（红胜）

二步杀：

① 马四进五　车2进2

② 马五进三（红胜）

三步杀：

① 车三平四　将5平6

② 炮五平三　车6进1

③ 炮三进三（红胜）

四步杀：

① 车六进五　马3退4

② 炮一平四　车7平8

③ 车二平三　车8平5

④ 炮四平六（红胜）

五步杀：

① 马六进五　车6进3

② 仕五退四　象3进5

③ 马四进五　马8进6

④ 仕四进五　车2进2

⑤ 马五进三（红胜）

## 第93型

一步杀：

① 兵六平五（红胜）

二步杀：

① 后炮平六　炮4平3

② 炮五平六（红胜）

三步杀：

① 前马进四　将4平5

② 车三退一　将5退1

③ 马五进四（红胜）

四步杀：

① 帅五平六　炮4进1

② 前马退七　将4进1

③ 车三退二　士5进6

④ 车三平四（红胜）

五步杀：

① 炮五平六　炮4平3

② 马五退七　炮9平8

③ 兵五平六　士5进4

④ 车三退一　士4进5

⑤ 兵六平五（红胜）

## 第94型

一步杀：

① 车六进一（红胜）

二步杀：

① 兵四平五　士4退5

② 车六进一（红胜）

三步杀：

① 兵四平五　将5平6

② 车六进一　马6退5

③ 车六平五（红胜）

四步杀：

① 后车平六　车3平4

② 马八进六　士5进4

③ 车六进五　炮9进5

④ 车六进二（红胜）

五步杀：

① 前车平六　车3进3

② 马八进七　车3平5

③ 仕六进五　车5进2

④ 帅五进一　炮9进5

⑤ 车六退一（红胜）

## 第95型

一步杀：

① 兵五进一（红胜）

二步杀：

① 车五进二　将6进1

② 车五平三（红胜）

三步杀：

① 马六进四　将5平6

② 相五退七　车9平7

③ 马四退六（红胜）

四步杀：

① 马五进四　炮4平6

② 车二进六　将5退1

③ 后马进六　将5平6

④ 车二平四（红胜）

五步杀：

① 车二平三　车9平7

② 车三平四　将5进1

③ 车四退一　将5退1

④ 车八平五　将5平4

⑤ 炮八平六（红胜）

## 第96型

一步杀：

① 车四退一（红胜）

二步杀：

① 车八进六　将5退1

② 炮一进二（红胜）

三步杀：

① 炮二退一　将5退1

② 车八进七　象1退3

③ 车八平七（红胜）

四步杀：

① 马四进六　炮5平4

② 车六退二　车1平4

③ 车六进一　将5进1

④ 车六平五（红胜）

五步杀：

① 炮六进六　车4进1

② 仕五退六　炮5平6

③ 车四平五　将5平6

④ 炮六平九　炮3进5

⑤ 车六退一（红胜）

## 第97型

一步杀：

① 车四进一（红胜）

二步杀：

① 车五进三　象7退5

② 马二进三（红胜）

三步杀：

① 炮二进七　将5平4

② 前车平六　炮4退2

③ 马三进四（红胜）

四步杀：

① 炮二进七　将5平4

② 后车进一　士4进5

③ 后车平五　将4平5

④ 马三进四（红胜）

五步杀：

① 炮二进七　炮4进6

② 仕五进四　将5平4

③ 车四平六　将4退1

④ 车四进二　将4进1

⑤ 马三进四（红胜）

## 第98型

一步杀：

① 马六进七（红胜）

二步杀：

① 兵四进一　车8平6

② 车四进三（红胜）

三步杀：

① 炮八进四　象1退3

② 车四平六　车9进1

③ 车六进三（红胜）

四步杀：

① 马九进七　车9平7

② 马七退五　车7进9

③ 相五退三　马8进7

④ 车四进三（红胜）

五步杀：

① 兵三进一　车8平7

② 兵三进一　车7平9

③ 兵三平四　车9平8

④ 兵四进一　车8平6

⑤ 车四进三（红胜）

## 第99型

一步杀：

① 车七进三（红胜）

二步杀：

① 车六进一　车9进2

② 车六进二（红胜）

三步杀：

① 马四进五　车9进2

② 马五进三　车9平5

③ 车四退二（红胜）

四步杀：

① 车四平八　车9平8

② 炮五进三　士5退4

③ 兵四进一　将5进1

④ 车八进五（红胜）

五步杀：

① 马四进五　车9进2

② 车七平四　车9平6

③ 前车退一　将5平4

④ 车四平六　将4平5

⑤ 马五进七（红胜）

## 第100型

一步杀：

① 车八进八（红胜）

二步杀：

① 车八进八　将4退1

② 炮七进三（红胜）

三步杀：

① 炮七进一　车6进5

② 车八进八　将 4 退 1

③ 炮七进二（红胜）

四步杀：

① 炮三平六　将 4 平 5

② 炮六平八　将 5 平 4

③ 炮八进三　将 4 进 1

④ 车八进八（红胜）

五步杀：

① 炮九退二　马 3 进 2

② 炮九平八　车 8 进 9

③ 马三退二　车 6 进 7

④ 帅五平四　马 2 进 1

⑤ 炮七退二（红胜）

### 第 101 型

一步杀：

① 马五进六（红胜）

二步杀：

① 车三进一　将 6 退 1

② 炮九进三（红胜）

三步杀：

① 炮八退一　士 5 进 4

② 马五进六　将 6 退 1

③ 车三进二（红胜）

四步杀：

① 炮四平五　士 5 进 6

② 马五进六　将 6 退 1

③ 马二进四　车 6 平 5

④ 炮五平四（红胜）

五步杀：

① 车三进一　将 6 退 1

② 车三进一　将 6 进 1

③ 马五退三　将 6 进 1

④ 车三平四　士 5 退 6

⑤ 马三进二（红胜）

### 第 102 型

一步杀：

① 车五退一（红胜）

二步杀：

① 兵六进一　将 5 平 6

② 马三退二（红胜）

三步杀：

① 车七退二　卒 5 平 4

② 帅六进一　车 6 进 5

③ 炮七退二（红胜）

四步杀：

① 兵六进一　前车进 1

② 兵六进一　将 5 平 6

③ 兵六平五　将 6 平 5

④ 车八退一（红胜）

五步杀：

① 兵五进一　将 5 平 6

② 马五进四　卒 5 进 1

③仕四退五　车6平8

④车五平四　士5退6

⑤兵五进一（红胜）

## 第103型

一步杀：

①车六平四（红胜）

二步杀：

①车一进五　象5退7

②车一平三（红胜）

三步杀：

①马二进四　将5平6

②车三平五　车3进1

③车六进一（红胜）

四步杀：

①兵四平五　士6退5

②车一进四　车3进5

③车六平五　将5平6

④车五进一（红胜）

五步杀：

①车一进五　象5退7

②车一平三　士5退6

③车六平四　炮2平6

④车四进一　将5进1

⑤车四退一（红胜）

## 第104型

一步杀：

①车六平四（红胜）

二步杀：

①车六平四　马7退6

②车四退一（红胜）

三步杀：

①炮八进五　士5进4

②车六平四　马7退6

③兵五进一（红胜）

四步杀：

①炮七进六　将6进1

②炮八进三　象5退3

③兵五进一　将6平5

④炮七退一（红胜）

五步杀：

①车二退一　将6退1

②兵四进一　将6平5

③炮七平五　象5退7

④炮四平五　将5平6

⑤车二平四（红胜）

## 第105型

一步杀：

①车一平六（红胜）

二步杀：

①兵六进一　将4退1

② 马八进七（红胜）

三步杀：

① 马九进八　将 4 退 1

② 马八退七　将 4 进 1

③ 兵六进一（红胜）

四步杀：

① 兵六进一　象 5 进 7

② 仕五退六　车 9 平 7

③ 兵六进一　将 4 进 1

④ 车五平六（红胜）

五步杀：

① 兵六进一　将 4 退 1

② 车五退一　将 4 退 1

③ 车五进一　将 4 进 1

④ 兵六进一　将 4 进 1

⑤ 车五平六（红胜）

## 第 106 型

一步杀：

① 炮八进七（红胜）

二步杀：

① 炮八进七　士 5 退 4

② 兵六进一（红胜）

三步杀：

① 车一进一　将 6 进 1

② 兵三进一　将 6 进 1

③ 马五退三（红胜）

四步杀：

① 马六进四　将 5 平 4

② 炮八平六　马 4 进 5

③ 后马进六　马 5 进 4

④ 马六进八（红胜）

五步杀：

① 炮二平五　象 3 进 5

② 马五进三　炮 6 退 2

③ 车三进一　将 5 平 4

④ 炮八平六　将 4 平 5

⑤ 车三平四（红胜）

## 第 107 型

一步杀：

① 车二平四（红胜）

二步杀：

① 炮二平五　士 4 进 5

② 车二平四（红胜）

三步杀：

① 马四进三　将 5 平 4

② 兵七平六　马 5 进 4

③ 炮三进七（红胜）

四步杀：

① 兵四平五　将 5 平 4

② 马四进六　车 3 进 3

③ 相九退七　炮 6 进 1

④ 车二平四（红胜）

五步杀：

① 车三退五　车2平8

② 车三平六　车8进1

③ 马四进六　将5平4

④ 马六进八　将4平5

⑤ 车六进五（红胜）

## 第108型

一步杀：

① 仕四退五（红胜）

二步杀：

① 仕五退六　将5平6

② 马四进六（红胜）

三步杀：

① 炮六平四　士5退4

② 兵五平四　将6退1

③ 兵四平三（红胜）

四步杀：

① 兵三进一　将6退1

② 炮二进九　象7进9

③ 兵三进一　将6进1

④ 马四进二（红胜）

五步杀：

① 炮七平五　象5退3

② 马四退三　象7进5

③ 仕五退六　象3进1

④ 马三进二　象1退3

⑤ 马二进四（红胜）

## 第109型

一步杀：

① 马七进八（红胜）

二步杀：

① 兵四平五　士4退5

② 车六进三（红胜）

三步杀：

① 马七进八　将4平5

② 马八退六　将5平4

③ 炮九平六（红胜）

四步杀：

① 马八退六　将5平4

② 马六进八　将4平5

③ 兵四平五　将5平6

④ 车二平四（红胜）

五步杀：

① 车八进一　象5退3

② 车八平七　士5退4

③ 车七平六　将5进1

④ 炮二进六　将5进1

⑤ 车六退二（红胜）

## 第110型

一步杀：

① 帅五退一（红胜）

二步杀：

① 兵六平五　炮8进8

② 兵五进一（红胜）

三步杀：

① 兵六平五　炮8进1

② 兵五进一　将6进1

③ 兵三平四（红胜）

四步杀：

① 帅四平五　炮8平6

② 兵六平五　炮6进8

③ 兵三平四　炮6平1

④ 兵四进一（红胜）

五步杀：

① 兵五平四　将6进1

② 帅四平五　炮3平6

③ 兵三进一　将6退1

④ 炮五平四　炮6进1

⑤ 后炮进四（红胜）